W0327414

So angeln Sie sich einen Millionär

Sangi & Sangi

So angeln Sie sich einen Millionär

Die besten Tricks und Tipps, um reich zu heiraten

EICHBORNS SCHRÄGE BÜCHER

Für Gila-Rebecca

Dank an:
Marie-Luise, Hilde, Torsten, Volker und alle Millionäre und Versicherungsvertreter, die unseren Weg gekreuzt haben.

1 2 3 4 05 04 03

Lektorat: Judith Schneider
Reihenkonzept: Moni Port
Umschlaggestaltung: Christiane Hahn,
unter Verwendung eines Fotos von Turhan Ergel
Druck und Bindung: Clausen & Bosse, Leck
ISBN 3-8218-4843-X

Verlagsverzeichnis schickt gern:
Eichborn Verlag, Kaiserstraße 66, D-60329 Frankfurt am Main
www.eichborn.de

INHALT

Vorwort

Kapitel I: Woran man einen Millionär erkennt

1. Neureiche Millionäre und ihre heiratsfähigen Söhne 14
   a) Die Gruppe der Jungunternehmer 15
   b) Die Gruppe der Freiberufler 20
   c) Promis 30
2. Mehr-Generationen-Millionäre und ihre heiratsfähigen Söhne 34
   a) Alteingesessene Unternehmer 34
   b) Nicht verarmter Adel 36

Kapitel II: Treffpunkte der Millionäre

1. Beruf 41
2. Sport 48
3. Freizeit 63
4. Unterwegs 77
5. Kontaktanzeigen 79
6. Millionärsclub 80

Kapitel III: Was der Millionär will

1. Persönliches 81
2. Werdegang 84
3. Sexuelle Qualitäten 86

Kapitel IV: 13 Goldene Regeln

1. Think positive! 87
2. Achten Sie auf Ihre Gesundheit! 88
3. Stop smoking! 90
4. Pflegen Sie sich! 91
5. Niemals ohne Make-up! 95
6. Investieren Sie in einen erstklassigen Haarschnitt! 96

7. Kleiden Sie sich stilvoll! 98
8. Nie ohne erkennbare Designeraccessoires! 103
9. Machen Sie eine gute Figur! 105
10. Benehmen Sie sich! 107
11. Seien Sie eine Sexbombe! 110
12. Ändern Sie Ihren Freundeskreis! 117
13. Bilden Sie sich weiter! 118

Kapitel V: So lernen Sie ihn kennen
1. Auffallen und richtig Flirten
a) Flirtsituationen und Verhaltensmuster 121
b) Woran Sie erkennen, ob er anbeißt 134
2. Vor dem ersten Date 135
3. Das erste Date 141
4. Das zweite bis vierte Date 147
5. Das fünfte Date 151
6. Was zu tun ist, wenn er sich nicht mehr meldet 154

Kapitel VI: Welche Steine es gibt und wie man sie aus dem Weg räumt
1. Der Auserwählte ist verheiratet oder in einer festen Beziehung 159
2. Sie sind verheiratet oder in einer festen Beziehung 161
3. Der Zukünftige will einen Ehevertrag 163
4. Der Auserwählte meldet sich nur, wenn er Sex haben will 165
5. Der Auserwählte ist der personifizierte Geiz 166
6. Der Auserwählte hat Schwächen, die Sie nicht akzeptieren können 167

Schlusswort 173
Checkliste 174

VORWORT

Sie haben sich dieses Buch gekauft oder es geschenkt bekommen. Fakt ist, dass Sie es gerade lesen, und das sicherlich nicht ohne Grund.

Vermutlich haben Sie sich Ihr Leben etwas anders vorgestellt, als es derzeit läuft. Vielleicht haben Sie aber auch einfach Lust, sich zu verändern, Sie haben sich ein Ziel gesetzt, nämlich ein Leben in Luxus zu führen. Sie wollen einen Millionär kennen lernen und heiraten, der Ihren Ansprüchen gerecht wird und der Ihnen ein sorgloses Leben bieten kann. Unser Buch hilft Ihnen, dieses Ziel mit Mut und entsprechender Eigeninitiative zu erreichen, und zwar unabhängig davon, wie alt Sie sind, ob Sie gerade in der Ausbildung, arbeitslos, Hausfrau und Mutter, bereits im Ruhestand oder ein erfolgreicher Workaholic sind.

Beim Durchblättern sämtlicher Boulevardmagazine oder beim Lauschen der Klatschnachrichten erfahren Sie jeden Tag, dass irgendwelche Frauen, die aus dem Nichts kamen, plötzlich mit Prominenten zusammen sind und dadurch eventuell sogar selbst ihre Promikarriere starten konnten. Dann gibt es noch die Frauen, die den europäischen Hochadel mit ihrem Blut auffrischen. Frauen, die eigentlich nicht so aussehen, sondern ganz im Gegenteil: Falten und Unterbiss, Hinkefuß und Körperfülle scheinen bei genauer Betrachtung nicht immer hinderlich zu sein. Auch wenn Sie bislang davon ausgingen, Sie seien ein hässliches Entlein und das Schicksal schreibe Ihnen ein Leben in Armut zu, kommt Ihnen doch ab und an der Gedanke, warum Ihnen so etwas (ein Millionär) nicht passiert. Und dabei übersehen Sie unzählige andere Frauen, die unbekannte Millionäre aus der Wirtschaft geheiratet haben. Frauen, die ganz offensichtlich zur richtigen Zeit am richtigen Ort die richtigen Blicke auf sich gezogen haben und jetzt gerade in diesem

Augenblick auf der Rue Faubourg St. Honoré in Paris Hermès unsicher machen. Und Sie? Sie sitzen in Ihrem Schlabberpulli Schokolade essend auf Ihrem Sofa, haben den Fernseher laufen und denken sich: Mist! Irgendetwas habe ich falsch gemacht! Sie fragen sich: Wieso die und nicht ich? Was haben die, was ich nicht habe? Wieso lerne ich immer nur arme Schlucker kennen, die neben schlechtem Atem auch noch einen schlechten Charakter haben? Wieso muss ich immer jeden Euro umdrehen?

Wir können Sie beruhigen: Sie befinden sich schon mal auf dem richtigen Weg.

Sie sind neidisch und im Zweifel missgünstig und das ist gut. Neid ist ein hervorragender Antrieb und Missgunst unterstützt Ihre Ambitionen!

Aber zugegeben: Neid und Missgunst allein reichen nicht! Sie sollten an sich arbeiten, an Ihrem Auftreten und eventuell auch an Ihrem Aussehen. Wahrscheinlich müssen Sie auch Ihren Bekanntenkreis ändern und den Blick fürs Wesentliche – nämlich den finanziellen Background Ihres Auserwählten – schärfen.

Mit Hilfe dieses Buches werden Sie die nötigen Informationen darüber erhalten, wo Sie die passenden Männer finden können, woran Sie sie erkennen, wie Sie sie auf sich aufmerksam machen, wie Sie merken, ob oder was er von Ihnen will, was Sie dafür bieten müssen und wie Sie potenzielle Hindernisse legal aus dem Weg räumen. Auch werden Sie keine große Mühe mehr haben, die Spreu der Scheinreichen vom Weizen der Steinreichen zu unterscheiden.

Wir bereiten Sie optisch, verbal und gefühlsmäßig auf den Richtigen vor.

Wenn Sie die in diesem Buch aufgeführten Regeln und Tipps beherzigen, werden Sie das nötige Wissen und Können an den Tag legen, mit dem Sie Ihr jetziges Leben komplett zum Positiven verändern können.

Haben Sie keine Angst vor Investitionen (finanzieller und zeitlicher Natur) in Ihr Äußeres, in Ihre Garderobe und in Ihre Freizeit. Was gibt es Wichtigeres als Sie selbst? Denken

Sie an sich! Gönnen Sie sich endlich etwas! Jetzt sind Sie dran! Denken Sie daran, dass sich jede Investition auf Ihr Selbstwertgefühl und Ihr Selbstbewusstsein auswirken wird. »Ich habe aber kein Geld!« sagen Sie sich jetzt? Falsch! Sie müssen nur lernen zu sparen – und zwar an den richtigen Stellen! Anstelle von zehn Billigtäschchen – zehn vermeintlichen Schnäppchen – kaufen Sie sich lieber eine original Louis Vuitton Pochette-Tasche; anstelle von fünf Discounter-Lippenstiften kaufen Sie sich einen Chanellippenstift und anstelle von einer Woche Mallorca-Urlaub in der Jugendherberge neben dem »Ballermann« gönnen Sie sich ein Wochenende im Luxushotel. Keine Angst: Sie sollen das Hotel nicht kaufen, sondern nur zwei Nächte dort verbringen! Ihr bisheriges Lebensmotto »dabei sein ist alles« lautet ab sofort »bei den Millionären sein ist alles!«

Dies gilt nicht nur für Luxushotels, sondern auch für Veranstaltungen jeder Art: Sie sollten stets in VIP-Karten investieren, da Sie so die unmittelbare Nähe von Millionären genießen können und Ihnen der Zutritt zu VIP-Parties und -Zelten offensteht. Der Preis ist zwar zehnmal so hoch, aber die Chance, einen Millionär kennen zu lernen, ist dafür 10.000 - mal höher!

Ab heute sollten Sie sich stets das Günstigste vom Teuersten gönnen. Sie müssen lernen, gekonnter mit Geld zu jonglieren, weniger Schrott zu kaufen und sich einen natürlichen Umgang mit Luxus angewöhnen.

Langfristig betrachtet sparen Sie sogar; wenn sich Ihre Investitionen erst einmal bezahlt gemacht und Sie sich einen Millionär geangelt haben, wird dieser in Zukunft und bis an Ihr Lebensende alles für Sie bezahlen.

Bereiten Sie sich mental auf Ihr Leben im Luxus vor! Es ist doch wesentlich angenehmer, jemanden bezahlen zu können, der mit dem Hund Gassi geht, der täglich putzt und kocht, der sich um die Kinder kümmert, während man selbst im Golf- oder Tennisclub die Figur hält, sich mittags mit anderen reichen Damen der Gesellschaft zum Salat im angesagtesten Italiener der Stadt trifft, um dann ausgiebig in Designerboutiquen zu shoppen, den besten Friseur, die beste

Kosmetikerin aufzusuchen und sich so richtig verwöhnen zu lassen. Ein solches Leben hält Sie schön und begehrenswert bis ins hohe Alter. Ein Leben als Karrierefrau oder auch Hausfrau und Mutter lässt Sie dagegen sehr schnell altern und unförmig werden. Sie werden Hornhaut an den Füßen haben, Ihre Haut wird faltig, die Fingernägel werden brüchig und Sie bekommen eine schwabbelige Figur, da keine Zeit für Sport bleibt. Das ist die unbarmherzige Schlange, die sich bei der Heirat mit einem geizigen oder minderbemittelten Mann oder auch bei der Entscheidung für die berufliche Karriere um den Hals legt und die Ihren bis dahin faltenfreien Hals immer weiter zudrückt.

Sie fragen sich, wo denn da die Liebe bleibt? Liebe ist ein Job. Wenn Ihr Zukünftiger nicht gerade ein Kotzbrocken ist, kann man an der Liebe arbeiten. Ist es nicht liebenswert, dass er Ihnen ein Leben im Luxus in all seinen Facetten bietet?

Lernen Sie zu lieben und Ihre Gefühle zu steuern. Liebe auf den ersten Blick ist der größte Zukunftskiller, den es gibt. Man verliebt sich nämlich in 90 % der Fälle nur in arme oder untaugliche Männer. Ihnen sollte das Aussehen der Männer egal werden, auch wenn es schwer fällt. Die knackigsten und gebräuntesten Figuren haben Bauarbeiter, die werden Ihnen aber bestimmt keine Chanelhandtasche zum Geburtstag schenken!

Nur finanzieller Überfluss garantiert Ihnen dauerhaft ein ruhiges und sorgloses Leben. Fangen Sie also endlich an, nicht mehr andere Männer zu lieben, sondern sich selbst. Sie werden sehen, es macht und hält Sie schön, reich und dauerhaft glücklich. Sie denken jetzt an den altbekannten Spruch »Geld allein macht auch nicht glücklich?«. Der wird meist dann angeführt, wenn ein reicher und berühmter Mensch verlassen wurde oder er sonst irgendeinen furchtbaren Schicksalsschlag erlitten hat. Glauben Sie, das passiert Ihnen nicht, wenn Sie arm sind? Es kann jeden treffen. Aber denken Sie nicht auch, dass es sich angenehmer in einer großzügigen Villa mit Luxuslimousine vor der Tür trauert?

Es stimmt schon, Geld allein macht nicht glücklich, aber kein Geld allein erst recht nicht! Bedenken Sie außerdem, dass Sie nicht allein das Geld suchen, sondern einen Mann mit Geld. Ein reicher Mann, der Sie liebt, macht Sie glücklich!

Wir sprechen aus Erfahrung!

Beeinflusst von Denver-Clan, Dallas, Rivalen der Rennbahn und den Guldenburgs war uns schön früh klar, dass wir nicht den Lebensstandard der Lindenstraßenbewohner anstrebten. Arbeiten wollten wir auch nicht. Arbeiteten etwa Sue Ellen Ewing oder Alexis Colby?

Also machten wir uns auf die Suche nach einem Financier!

Dabei wurden wir schnell vor allem an Erfahrungen reich: Selbst ernannte Millionäre mit Luxuskarossen mutierten plötzlich zu mies verdienenden Versicherungsvertretern, Porsche – fahrende Aufschneider wohnten aus finanziellen Gründen noch bei Muttern und gut situierte Adlige furzten ungeniert in aller Öffentlichkeit. Es gab aber auch unscheinbare Ford-Fiesta-Fahrer, die ihre Garagen für ihre Flugzeuge nutzten, sowie absolute Durchschnittsmänner mit VW Polo, die auf den ersten Blick eindeutig »arme Schlucker« waren und sich doch zu Topmillionären mit exklusiver Oldtimersammlung entpuppten. Seit geraumer Zeit sind wir beide mit Selfmademen verheiratet, die uns ein sorgenfreies Leben ermöglichen.

Die Idee zu diesem Buch kam uns bei einem nachmittäglichen Kaffeeklatsch, als wir in unseren Erinnerungen schwelgten und uns unsere berufstätige Freundin mit großen Augen ansah und sagte, sie wüsste überhaupt nicht, wie sie solche Männer kennen lernen könnte. Dem können wir abhelfen!, dachten wir uns.

Unsere vielen Bekanntschaften und amourösen Affären haben uns im Laufe der Jahre zu wahren Expertinnen gemacht.

Und um auch Sie als angehende Millionärsgattin umfassend zu informieren, haben wir nicht nur unsere eigenen Erfahrungen genutzt, sondern auch die unserer Freundinnen und Bekannten aus der High-Society. Erfolge, aber auch Fehler haben wir für Sie analysiert und aufbereitet, damit Sie so problemlos wie möglich den Mann Ihrer Träume erobern können.

Wir wünschen Ihnen viel Vergnügen beim Lesen und Erfolg bei der Suche! Sehen Sie dieses Buch nicht nur als unterhaltsamen Ratgeber, sondern nutzen Sie es vor allem als Beginn eines neuen Lebensabschnitts.

Ihre Schwestern
Mandana und Soheyla Sangi

Kapitel I

WORAN MAN EINEN MILLIONÄR ERKENNT

Millionäre sind nicht gleich Millionäre. Die jeweilige Währung ist ausschlaggebend. Millionär ist Mann recht schnell bei einer Währung, in der 1000 Einheiten gerade mal einem Euro entsprechen. Gemeint sind hier natürlich die Männer, die entweder privates Vermögen über 1.000.000 Einheiten harter Währung haben, am besten Schweizer Franken, Euro, englische Pfund oder amerikanische Dollar, oder zumindest über ein ebenbürtiges Einkommen verfügen. Bedenken Sie, dass 1.000.000,00 Euro Erspartes oder Ererbtes auf dem Konto zwar ein nettes Sümmchen sind, wenn das allerdings alles ist und der Gute und Sie davon leben müssen, werden Sie sich nicht unbedingt den Lebensstil leisten können, der Ihnen vorschwebt.

Suchen Sie also nach einem Millionär, der mindestens eine Million Schweizer Franken als privates Vermögen zusätzlich zu einem sehr gut bezahlten Managerposten hat. Ebenfalls akzeptabel ist eine vielversprechende Erbschaftsaussicht oder mehrere Millionen (bspw.) Euro Privatvermögen. Natürlich werden Sie das auf Anhieb ohne entsprechende Vorkenntnisse schwer feststellen können, Ihr Auserwählter wird Ihnen sicherlich keine Bankauszüge zur Ansicht geben, aber mit Hilfe dieses Buches werden Sie ein Auge für die »Sahnebonbon-Millionäre« entwickeln.

Wir warnen ausdrücklich vor knickrigen Millionären, die das Gesicht verziehen, wenn Sie mit Einkaufstüten nach Hause kommen, und sich Belege zeigen lassen. Dann können Sie auch gleich allein und arm bleiben. Ausnahmen bilden greise Männer mit zeitnahen Erberwartungen für Sie. Warten Sie aber nicht länger als maximal zwei Jahre. Denken Sie daran: Das Leben ist kurz, nutzen Sie den Tag! Andere Mütter haben auch schöne Millionärssöhne, die nur darauf warten, von der Richtigen geangelt zu werden.

Anhand der Hobbys, Wohnsitze, Feriendomizile, Kleidung, Accessoires und Autos werden Sie sehr schnell erkennen, wessen Herz Sie zu erobern haben. Ein gemeinsames Wochenende zeigt Ihnen dessen Großzügigkeit. Seien Sie aufmerksam!

Es gibt sehr unterschiedliche Millionäre, deren einzige Gemeinsamkeit das dicke Bankkonto ist. Ansonsten unterscheiden sie sich in Alter, Bildung, Benehmen, familiärem Background, Geschmack, Charme und äußerlichem Auftreten.

Beim Durchblättern verschiedener Boulevardzeitungen sieht man manche auf Partys mit irgendwelchen Playboy-Häschen im Arm, schwitzend mit offenem Hemdkragen und grauem Brusttoupet. Andere wiederum werden eher selten abgebildet, höchstens auf Photos von Unternehmerveranstaltungen oder politischen Events, über die in der Lokalpresse oder in Wirtschaftsblättern berichtet wird.

Die einzelnen Millionärstypen stellen selbstredend unterschiedliche Erwartungen an ihre potenziellen Traumfrauen.

Eine grobe Darstellung der in Betracht kommenden Millionäre soll Ihnen helfen, sich zu orientieren, welcher Typ für Sie am ehesten in Betracht kommt.

1. Neureiche Millionäre und ihre heiratsfähigen Söhne

Der Begriff »neureich« hat häufig einen negativen Beigeschmack. Man rümpft die Nase, weil viele Neureiche häufig und gern ihr Geld zeigen. Zugegebenermaßen taucht der Begriff »neureich« häufig in Verbindung mit kitschiger Opulenz (gerade was teure Marken angeht), schlechtem Geschmack, mangelndem Stil und fehlendem Benehmen auf.

Sicher treffen diese Vorurteile nicht auf alle Neureichen zu. Für Sie kann diese sichtbare Dekadenz jedoch gerade im Hinblick auf Ihre neidischen Konkurrentinnen von Vorteil sein.

Wir benutzen den Begriff »neureich« als Synonym für die Gruppe der »Selfmademen«, und zwar ohne Rücksicht auf die Frage, wie sie ihren Wohlstand erlangt haben. Diesen Status können sie sowohl aus eigener Kraft als Unternehmer oder Freiberufler geschaffen haben, aber auch durch geschickte Aktienspekulationen am mittlerweile verkümmerten Neuen Markt oder durch innovative Ideen im IT-Sektor. Unter den »Neureichen« werden außerdem sämtliche Prominente, sei es durch Film, Fernsehen oder Profisport, abgehandelt.

a) Die Gruppe der Jungunternehmer

»Jungunternehmer« heißt nicht unbedingt, dass es sich um Heranwachsende handelt. Gemeint sind hier – neben der Gruppe der 30- bis 40-Jährigen – auch die älteren Generationen, die in den vergangenen 20 bis 40 Jahren ein Imperium aufgebaut, also Millionäre, die ihren beträchtlichen Wohlstand nicht geerbt, sondern erarbeitet haben. Das gilt insbesondere für die Nachkriegsgeneration und deren heiratsfähige Söhne und Enkel. Letztere sind zwar nicht per se reich, da sie erst noch erben müssen, allerdings erhalten sie häufig großzügiges Taschengeld und können sich typisch »neureich« aufführen. Oft haben diese Menschen den wachsenden Erfolg des Vaters bewusst miterlebt und genießen es, ebenso wie deren Eltern, nicht mehr »jeden Euro umdrehen« zu müssen. Und so erklärt sich auch ihre Außenwirkung: Meist tummeln sie sich in Grüppchen in sogenannten Szenelokalen, auch »In-Lokale« genannt, und machen keinen Hehl daraus, dass Geld für sie keine Rolle spielt. Nach dem Motto »Was kostet die Welt, her mit dem Schampus« lassen sie sich vom Wirt bedienen, werfen evtl. sogar noch aus Spaß mit Gegenständen und amüsieren sich dabei. Distinguiertes Benehmen ist diesen Menschen oft fremd. Außerdem tummelt sich ein halber »Hofstaat« um die Neureichen herum, der über die Witze und das Benehmen dieser Millionäre am lautesten lacht. Lauschen Sie diesen Gruppen, werden Sie feststellen, dass es in den Gesprächen meist um teure Autos, teure Urlaube, teure Kleidung, teure Accessoires und super Frauen geht. Dabei wird in erster Linie Umgangssprache benutzt und laut gesprochen (»der dahinten soll auch hören, wie erfolgreich ich bin«). Wenige dieser Millionäre haben studiert bzw. sind Akademiker. Das ist auch nicht wichtig, denn sie sind typische »Macher«. Sie brauchen kein Studium, weil das in ihren Augen Zeitverschwendung ist und sie bei Bedarf lieber Betriebswirtschaftler oder Juristen einstellen. Das alles macht aber nichts. Man erwartet von so einem Millionär alles, aber nicht, dass er Gewinner des Pulitzerpreises ist. Was haben Sie von einem taxifahrenden Akademiker?

Neben dem lautstarken Auftreten im Rudel kann man diese Herren an ihrer Kleidung und den sichtbar zur Schau getragenen Designeraccessoires erkennen. Diese werden nach dem Motto: »Was nix kost', ist nix.« ausgewählt.

Sie tragen sehr häufig hochpreisige Accessoires sichtbar am Körper, z. B. teure Markenuhren, besonders der Marken Cartier und Rolex, oder teure Gürtel mit gut sichtbarem Label oder trendy Designersonnenbrillen. Hierbei fällt auf, dass sie sich meist für Marken entscheiden, die man im Ausland in Kopie erhält. Das ist auch logisch, denn eine Marke, die nicht auf den ersten Blick vom anerkennenden oder gar neidischen Gegenüber erkannt wird, ist für sie völlig uninteressant. Wie sonst sollte sich der hohe Preis einer Luxusmarke rechtfertigen als durch ihren garantierten Erkennungswert?

Die Schuhe sind meist hochwertig, wenn auch nicht unbedingt geschmackvoll. Häufig tragen sie aber auch lässig Turnschuhe, die ihnen einen Funken mehr Jugend und Sportivität geben sollen. Bekleidet sind sie meist mit hochwertigen Marken-Jeanshosen, -Rollkragenpullover oder -T-Shirt und -Jackett oder Designerjeansjacke. Ansonsten fallen sie durch ihr Äußeres nicht besonders auf.

Eines der wichtigsten Accessoires dieser Herren ist im übrigen der Porsche 911er. Ein Fahrzeug, in dem sie sich vorkommen wie James Dean, mit einem lasziv abgekauten Zigarettenstummel im Mundwinkel. Viele Frauen fliegen auf den Porsche 911er. Ein Blick auf die an der Ampel stehende Frau oder ein Lächeln zu der weiblichen Autofahrerin nebenan reichen bereits, um einen erfolgreichen Flirt zu beginnen. In einem Fiat Panda würde sich das schon viel schwieriger gestalten.

Exkurs: Hochstaplergefahr!
Diese Grüppchen, die laut polternd die Lokale mit horrenden Rechnungen für Champagner und Cocktails verlassen, bestehen leider nicht nur aus 100% Reichen. Es gilt darauf zu achten, nicht an die sog. »Hochstapler« zu geraten, die sich wie Aasgeier um den aus manchmal nur aus 1 bis 3 echten Millionären bestehenden Kern versammeln. Hochstapler fallen meist durch ihre äußerst offensichtlich getragene »Markenvielfalt« auf, die sie wie eine Art Potenzersatz am Körper tragen. Meist handelt es sich um mittelmäßig Verdienende und im worst case um tatsächlich Arbeitslose, die manchmal wenigstens einen hohen Unterhaltungsfaktor haben. Warum sollten sie ansonsten von den Reichen mitgenommen werden? Sie haben oft sehr schlechtes Benehmen und sind von unterdurchschnittlicher bis mittlerer Intelligenz. Dabei halten sie sich für sehr wichtig, geben unglaublich viel an und lügen Ihnen die Sterne vom Himmel, und zwar nur um Sie ins Bett zu bekommen. Gehen Sie nicht mit Ihnen ins Bett oder machen Sie auch nur den Anschein, dass Sie es sicherlich nicht tun würden, werden sie schnell beleidigend und schrecken auch nicht davor zurück, laut an Ihrer Figur zu mäkeln. Gehen Sie mit Ihnen ins Bett, ist es auch nicht besser. Der erhoffte »Eintritt« in den heiß umworbenen »Societyzirkel«

endet meist damit, dass sich die Herren danach eine neue Kerbe ins Küchenbrett ritzen, und zwar wohlgemerkt häufig in das ihrer Mutter, weil sie sich selbst keine eigene Wohnung leisten können. Eine potenzielle Miete geht doch schon für die Leasingrate des Paprika-Porsche (Audi TT) drauf. Sie haben dann jedenfalls Ihren Ruf ruiniert.
Denken Sie daran, dass Sie einen schlechten Ruf nur schwer bzw. gar nicht loswerden, zumindest nicht in der Stadt, in der Sie ihn sich »erarbeitet« haben. Sie mutieren ohne es zu wollen zu einer billigen Schlampe. Verlieren Sie nie Ihr Ziel aus den Augen. Sie wollen einen Millionär fürs Leben. Was sollte der an Ihnen finden, wenn er weiß, dass Sie schon einmal mit einem seiner nicht ernst zu nehmenden und bekanntermaßen minderbemittelten Unterhalter im Bett waren? Erhoffen Sie sich nicht, dadurch an Ihren Traumprinzen zu gelangen. Entweder Sie sind schlecht im Bett, dann wird der Hochstapler wahnsinnig über Sie herziehen und Sie für die tatsächlich Reichen nun endgültig uninteressant machen. Oder Sie sind super im Bett und sehen obendrein noch klasse aus, dann wird der Hochstapler Sie genauso schlecht machen, weil er Sie seinem reichen Freund nicht gönnt und vielleicht noch tatsächliches Interesse an einer dauerhaften Beziehung mit Ihnen hat. Eine grauenhafte Vorstellung!

Zurück zu unserer Zielgruppe: Um die richtigen Reichen genau zu lokalisieren, ohne an einen der Hochstapler zu gelangen, bedarf es sorgfältiger Beobachtungsgabe. Sie sollten überprüfen, wer welches Auto fährt, ob es sich um einen Porsche oder Jaguar oder nur um einen älteren BMW 3er (Cabrio) oder gar einen Audi TT (Paprika-Porsche) handelt. Zwar mögen Sie jetzt einwenden, dass der Fahrer eines Audi TT oder BMW 3er auch schon ziemlich wohlhabend sein muss, aber meist handelt es sich dabei um Versicherungs- oder Immobilienmakler, die ihr gesamtes Geld in ihr Fahrzeug bzw. dessen Leasingraten stecken und in Wirklichkeit nicht mehr verdienen als ein Beamter im mittleren Dienst. Im Ernst, welcher Millionär sollte einen Paprika-Porsche fahren, wenn er sich einen echten – einen 911er – leisten kann? Sehen Sie!

Für diese Beobachtungen sollten Sie sich genügend Zeit nehmen, immerhin gilt es, den Markt abzuchecken. Notfalls fragen Sie den Wirt oder die Türsteher aus, fragen Ihre Bekannten, ob diese den einen oder den anderen kennen. Lesen Sie die Lokalzeitungen und Lokalzeitschriften. Meist sind dort auch Fotos von Partys abgebildet mit den passenden Unterschriften und Namen. Recherchieren Sie! Dieser Aufwand lohnt sich. Immerhin geht es um Ihre Zukunft. Wenn Sie einen neuen Job suchen, werden Sie doch auch nicht den erstbesten nehmen, sondern auch zunächst überprüfen, was das Unternehmen macht etc.

Sie wollen sich dort doch auch wohl fühlen. Nichts anderes gilt für die Wahl des zukünftigen Millionärsgatten.

Die Interessensgebiete dieser Millionäre sind meist überschaubar: Autos, Fernseher, Marken, Urlaub und die neuesten (teuren und überflüssigen) technischen Errungenschaften, deren Bedienung sie meist nicht beherrschen.

Sollten bereits Frauen im Schlepptau dieser Herren sein, was regelmäßig der Fall sein wird, machen Sie sich nichts daraus. Diese Damen sind absolut kein Problem und erst recht kein Hindernis! Denken Sie daran, diese Frauen wollen auch nur das, was Sie wollen. Einen der richtigen Reichen für immer, zumindest für die Heirat gewinnen. Es ist letztlich wie in einer Firma, in der es um den besser bezahlten Posten geht. Entwickeln Sie Sportsgeist! Auf in den Kampf, dabei sein ist alles!

Keine falsche Scheu! Glauben Sie nicht, dass diese Frauen auf Sie Rücksicht nehmen würden, wenn Sie an ihrer Stelle stünden. Erlaubt sind alle (legalen) Mittel.

Einer Sache müssen Sie sich im übrigen bewusst sein. Viele dieser Neureichen sind evtl. schon verheiratet, was sie aber in keiner Weise davon abhält, weiterhin abends ohne ihre Ehefrauen nur mit ihren Freunden wegzugehen und den Abend mit einem Besuch in einem Etablissement der Rotlichtszene zu krönen. Und das sicherlich nicht nur, um bloß zu gucken. Das hat auch seinen Grund. Für diese Personen, die meist in nicht so wohlhabenden Verhältnissen aufgewachsen sind, verwirklichte sich mit dem Erreichen des Reichtums ein Paradies auf Erden. Wegen des hohen Angebots an willigen Frauen wurde die Frau zur Ware, immer und unendlich verfügbar. Dieses Gefühl ist für viele Neureiche so phantastisch, dass sie gar nicht genug davon bekommen können. Spätestens, nachdem die erste Verliebtheit in die eigene Frau der Gewohnheit gewichen ist, suchen sie den Kick bei neuen Frauen – und genau dort ist Ihre Chance! Auch wenn Sie ein schlechtes Gewissen haben: Selbst eine Ehefrau ist kein Hindernis, auch wenn Sie im Zweifel damit rechnen müssen, dass es Ihnen eines Tages auch so ergeht. Bis dahin müssen Sie sozusagen alle »Schäfchen ins Trockene gebracht« haben, was Ihnen aber mit Hilfe dieses Buches auch gelingen wird.

b) Die Gruppe der Freiberufler

(1) Juristen

Hier geht es insbesondere um Rechtsanwälte, weil sie unter den Juristen am ehesten zu den Einkommensmillionären zählen. Zwar verdienen Hochschulprofessoren, Richter und Staatsanwälte nicht schlecht, aber sie sind von dem Ihnen zu Recht vorschwebenden Lebensstil meilenweit entfernt.

Meistens handelt es sich bei Rechtsanwälten entweder um ältere Herren oder um solche, die eine Praxis oder Kanzlei von ihren Eltern übernommen haben. Junge Juristen haben heute nur sehr eingeschränkt die Möglichkeit, Einkommensmillionäre zu werden. Der Markt ist hart umkämpft; der politische Einfluss durch Reformen und die Begrenzung der Niederlassungsfreiheiten tun da ein Übriges.

Es gibt allerdings auch Juristen – mit entsprechendem Titel –, die durch ihre exquisiten Noten und Leistungen hochbezahlte Jobs angeboten bekommen. Wenn Sie einmal einen solchen Menschen kennen lernen, werden Sie wissen, warum sie exquisite Noten haben. Meist handelt es sich um absolute Fachidioten, die keine anderen Talente besitzen als die, Ihnen das Leben schwer zu machen. Ein bekannter Mensch hat mal gesagt: »Er war ein guter Jurist, sogar ein Einser-Jurist, und auch ansonsten von bescheidenem Intellekt.« Ein hohes Maß an Egoismus (»ich trage teure Marken-Schuhe, für dich reicht No-Name, ich brauch sie für den Beruf, schließlich bring ich ja auch das Geld ins Haus«), Misstrauen gegenüber anderen Menschen (lernt man im Studium, »alle wollen meine Hausarbeit klauen!«), Geiz (»ich arbeite hart für mein Geld«), Humorlosigkeit (»die Welt ist zu ernst, um darüber lachen zu können«) und Rechthaberei (»ich bin der schlauste und du bist doof«) wohnen dem Großteil dieser Spezies inne. Versuchen Sie nicht, ihn zu ändern. Meist handelt es sich um Berufskrankheiten, an denen Sie nichts ändern können, ohne sich selbst dabei zu verlieren. Ihr Ziel – ein unbeschwertes Leben im Luxus – schwindet dabei zusehends. Daher möchten wir Ihnen von diesen Herren eher abraten, auch wenn der eine oder andere ernsthafte Millionärskandidat dabei ist.

Anders sieht es da schon bei älteren, etablierten Anwälten aus.

Erwischen Sie dabei einen älteren Herren, der es sich endlich leisten kann, Porsche oder eine andere Luxuskarosse zu fahren, der mehr Freizeit hat, weil er genug Anwälte für sich arbeiten lässt, dann sollten Sie nicht zögern, mit ihm seinen zweiten Frühling auszuleben. Im Gegensatz zu den jungen Kollegen ist er meist nicht mehr so verbissen und mit etwas Geschick können Sie ihn leicht um den Finger wickeln, damit er Ihnen alle Wünsche erfüllt. Das geht häufig mit simplen Mitteln, da diese Menschen kaum etwas anderes gesehen haben als ihre Bürowände und ab und zu Fortbildungen. Nichtsdestotrotz können sie ihre Besserwisserei und das unstillbare Bedürfnis, das letzte Wort zu haben, nicht ablegen. Damit müssen Sie sich abfinden. Wenn der Rest stimmt, ist das ja auch in Ordnung.

Erkennen kann man die Juristen am ehesten in der Mittagspause in der Nähe von Kanzleien, die sich meist im Gerichtsviertel befinden. Oft gehen sie schnell einen Happen beim Italiener essen und/oder trinken in einer Kaffeebar einen Wachmacher. Gekleidet sind die gutverdienenden Juristen – und nur für die interessieren Sie sich – in korrekt sitzenden Anzügen in gedeckten Farben. Ein heller Trenchcoat und ein dicker Pilotenkoffer lassen kaum eine andere Berufszugehörigkeit zu. Kommt noch eine durch das Schleppen der schweren Bücher bedingte, leicht nach vorn gebeugte Körperhaltung hinzu, haben Sie mit an Sicherheit grenzender Wahrscheinlichkeit einen Rechtsanwalt erspäht.

Anzutreffen sind Rechtsanwälte im Übrigen auch bei Anwaltsfortbildungen und -kongressen. Finden Sie heraus, welcher Rechtsanwalt in welcher namhaften Kanzlei arbeitet, erkundigen Sie sich nach seinen beruflichen Interessenschwerpunkten. Lokalzeitungen, gelbe Seiten können Ihnen hierüber erste Informationen bieten. Ein Plausch mit der Sekretärin der Kanzlei kann ebenfalls weiterhelfen und manchmal dazu beitragen, seine Privatanschrift zu erfahren, die allerdings auch oft genug im Telefonbuch steht. Spazieren Sie in seiner Wohngegend umher und überprüfen Sie dabei gleich, ob sein Wohnsitz Ihren Erwartungen entspricht. Ist dies nicht der Fall, dann fragen Sie unauffällig (!) seinen Nachbarn, um seine wahre Einkommenslage besser einschätzen zu können. Kommt er millionenmäßig in Frage, dann sollten Sie etwas Geld beiseite legen und ein Informationsgespräch mit ihm vereinbaren. Das Thema richtet sich nach seinem Interessenschwerpunkt.

In seiner knapp bemessenen Freizeit hält sich der gutverdienende Anwalt in politischen Parteien auf, bei Wohltätigkeitsorganisationen (zu denen man nur sehr schwer Zutritt erhält) und teuren Sportclubs (in die man normalerweise nur durch einen Bürgen hineinkommt). Mit etwas Glück treffen Sie den einen oder anderen in einer Kneipe. Allerdings ist es recht schwierig, einen Rechtsanwalt in Freizeitkleidung zu erkennen, da er sich von der Masse kaum abhebt. In der Freizeit lassen viele Rechtsanwälte ihrem schlechten Geschmack freien Lauf und reihen sich mühelos in das Heer geschmackloser Hosenträger ein.

Höchstens durch Fachgespräche mit Kollegen kann man ihn enttarnen, da es kaum Juristen gibt, die in der Freizeit abschalten können. Mithören ist allerdings müßig und kann schnell als plump auffallen.

Nicht einmal auf teure Accessoires als Erkennungsmerkmal kann man hoffen.

Finden Sie am besten heraus, wer wann für wen wo Fortbildungen oder Seminare anbietet. Sie können dies z. B. bei der Anwaltskammer oder bei einschlägigen Seminaranbietern aus der Zeitung oder aus Fachzeitschriften erfahren. In den Pausen bzw. im Anschluss werden Sie zahlreiche Rechtsanwalte in benachbarten Lokalen erkennen konnen. Sie treten meist in mindestens Zweier-Truppen auf und unterhalten sich über – wen wundert´s? – Jura! Seien Sie eine willkommene Abwechslung!

(2) Ärzte

Junge Ärzte im Krankenhaus sind vor lauter Arbeit meist grau, werden schlecht bezahlt und in ihrer rar gesäten Freizeit schlafen sie. Darauf zu hoffen, dass sie eines Tages aufsteigen, ist müßig. Erst einmal weiß man nicht, ob sie so gut sind, wie sie vorgeben, zum anderen weiß man nicht, ob sie überhaupt bei den derzeitigen äußeren Voraussetzungen so alt werden. Hinzu kommt, dass die meisten von ihnen einen ganz eigenen Humor haben, wenn sie von ihren Patienten erzählen, dem viele Frauen nicht gewachsen sind. Übelriechende Fettstühle, Darmzottengekrösel und Maden im Schambereich sind da erst der Anfang. Ein erwartungsvoller Einstieg in das von Ihnen ersehnte Luxusleben ist das sicherlich nicht. Aufgrund der desolaten Situation der jungen Ärzte, was Freizeit und Geld angeht, entscheiden sie sich eher für Leidensgenossinnen, die ihnen berufsmäßig tagtäglich über den Weg laufen, nämlich Ärztinnen oder Krankenschwestern.

Chefärzte in Kliniken, Fachärzte mit eigener gutgehender Praxis, Schönheitschirurgen und Zahnärzte mit üppiger

Kundenkartei sind die Millionärs-Lichtblicke unter der gesamten Ärzteschaft, auf die Sie sich beschränken sollten.

Im Beruf erkennt man sie ganz einfach: Sie tragen meist einen weißen Kittel (ein kleiner Scherz). Während seiner Arbeitszeit einen Arzt zu erkennen ist tatsächlich keine große Herausforderung. Schwieriger dürfte es sich da schon in der Freizeit gestalten, da sie äußerlich kaum zu unterscheiden sind von den anderen Erdenbürgern. Es gibt zahlreiche Mediziner, die – trotz Superverdienstes – in ihrer Freizeit ausschließlich im Jogging-Anzug herumlaufen. Andere wiederum tragen völlig unspektakuläre Kleidung (bspw. kariertes Hemd, Pullunder und Jeanshose mit Gesundheitstretern) und unterscheiden sich somit kaum von Sozialpädagogen und Lehrern.

Wenn es ein gemeinsames Merkmal in Sachen Garderobe bei den Medizinern gibt, dann sind es wohl die weißen Socken, die sie im Privaten genauso gern tragen wie im Beruf.

Kleidung ist für die meisten Ärzte genauso unwichtig wie Accessoires, sprich Uhren, Schuhe und Autos. Natürlich ist dies nicht verallgemeinerungsfähig, denn auch in dieser Berufsgruppe gibt es immer wieder Ärzte, die den Beruf gewählt haben, um viel Geld zu verdienen. Zumindest in früheren Jahren war dies ein erfolgversprechender Weg, heute eher weniger bis auf Zahnärzte und Schönheitschirurgen (dieser Markt boomt, wen wundert´s?). Diese Ärzte, die dann auch tatsächlich viel Geld verdienen, zeigen das natürlich gerne. Es gibt da sogar Zahnärzte, die ihr Pflaster vor dem Villeneingang haben vergolden lassen ...

Solche Leute sind kaum von den übrigen Neureichen, z. B. typischen Jungunternehmern, zu unterscheiden und legen dementsprechend viel Wert auf erkennbar teure Kleidung, Accessoires und Autos.

Für diejenigen Ärzte, die den Beruf ausgewählt haben, um dem Menschen zu dienen (auch dem Kassenpatienten, nicht nur dem Privatpatienten), gilt hingegen etwas anderes. Sie sind meist vergeistigt und finden Oberflächlichkeiten wie Kleidung und Autos absolut unwichtig. Sie interessieren sich nur für die Wissenschaft und ihren Beruf. Bei diesen Männern kann man froh sein, wenn sie sich täglich waschen. Deo und sonstige nicht körpereigene Düfte lehnen sie nämlich als widernatürlich und überflüssig ab.

In der Regel sind gutverdienende Ärzte naturverbunden, viele mögen in ihrer Freizeit Jagd und Sport, z. B. Tennis oder Golf. Anzutreffen sind sie natürlich auch in Restaurants, durchaus solche der Luxusklasse, da selbst eingefleischte Spitzen-Mediziner keine Verächter lukullischer Genüsse sind.

Die einfachste Möglichkeit für Sie, den Arzt Ihrer Träume kennen zu lernen, ist natürlich immer noch der Weg in dessen Praxis. Informieren Sie sich zuvor über seine Interessen (»Oh, Herr Doktor, bei der Jagd habe ich mir glaub´ ich einen Knöchel verstaucht ...«). Oft verraten Aufkleber am Auto oder die entsprechenden Magazine oder Bilder im Wartezimmer der Praxis einiges über die privaten Vorlieben Ihres Auserwählten. Und denken Sie bitte an den Lifestyle des Arztes und machen Sie sich dementsprechend zurecht. Ist er Nur-Wissenschaftler, brauchen Sie nicht zu tief in den Farbtopf zu greifen, weniger ist da mehr. Handelt es sich um einen Lebemann, tun Sie genau das Gegenteil. Zu den Details aber später.

(3) Steuerberater und Wirtschaftsprüfer

Bei den Steuerberatern und Wirtschaftsprüfern ist es ähnlich wie bei den Rechtsanwälten. Viele kooperieren auch im Anwalts- und Steuerberaterbüro unter einem Dach.

Steuerberater müssen nicht unbedingt studieren, um sich ihren Berufswunsch zu erfüllen. Auch eine langjährige Ausbildung mit abschließender Steuerberaterprüfung erfüllt die Voraussetzungen dieses Berufes. Dementsprechend besteht also im Gegensatz zu dem Gros der Juristen die kleine Chance, einen Mann ohne die Besserwisserkrankheit kennen zu lernen.

Zu erwähnen ist auch noch, dass erfolgreiche Steuerberater ohne Studium philosophische Ansätze aus der vergeistigten Ebene ihrer Akademikerkollegen nicht schätzen und keine Probleme damit haben, ihren Millionärstatus deutlich nach außen tragen. Sie unterscheiden sich dabei nicht sonderlich von den neureichen Jungunternehmern. Sie zeigen ebenso glücklich nach außen, dass sie es aus eigener Kraft geschafft haben und sich hochgearbeitet haben. Ferrari und Rolex sind da keine Seltenheit.

Hinsichtlich der Millionärsdichte und der übrigen Erkennungsmerkmale der Steuerberater und Wirtschaftsprüfer wird auf den Part der Rechtsanwälte verwiesen.

Wirtschaftsprüfung wurde früher immer mit dem Zusatz »Lizenz zum Gelddrucken« in Verbindung gebracht. Das ist sicherlich richtig, hängt jedoch stark von den Aufträgen ab; vielfach werden große Unternehmen auch große Wirtschaftsprüfungsgesellschaften beauftragen, so dass kleine, einzelne Wirtschaftsprüfer zumindest am Anfang ebenso zu kämpfen haben wie einzelne Steuerberater und Rechtsanwälte. Denn auch hier gilt: Die Großen fressen die Kleinen!

Demzufolge entspricht ein junger Berufsanfänger nur bedingt Ihrem Ziel, hier gilt das Gleiche wie bei den Juristen.

Deswegen sollten Sie auch hier berücksichtigen: Beobachtung ist alles (Kleidung, Auto, Verhaltensmuster). Dann werden Sie Ihren Auserwählten richtig einzuschätzen wissen und abwägen können, ob sich ein Angriff lohnt.

(4) Sonstige Freiberufler und (Einzel-)Unternehmer

Hierzu zählen insbesondere Unternehmensberatungen und Seminartrainer. Unter ihnen gibt es einige gute Partien, aber leider auch ziemlich viele schwarze Schafe, die mit einer eigenen Unternehmensberatung oder dergleichen lediglich von ihrer Arbeitslosigkeit ablenken wollen. Diese »Möchtegern-Unternehmensberater« leben meist auf zu großem Fuß (d. h. fahren große Autos, kleiden sich teuer) und sind tatsächlich eher Hochstapler.

Es gibt aber auch zahlreiche Unternehmensberater und Trainer, denen es finanziell sehr gut geht. In erster Linie hängt dies von deren Größe und Ruf ab. (Große, bekannte Unternehmensberatungen sind nicht von ungefähr erfolgreich!)

Hier gilt also wie so oft: Recherche und Beobachtung sind das A und O. Sie können versuchen, Informationen über die Presse zu erhalten, es gibt eigene Trainerzeitschriften, aber auch Wirtschaftszeitschriften und -zeitungen, die Rankings durchführen. Dadurch können Sie erkennen, welche Unternehmensberatungen für Sie in Frage kommen. Häufig finden sich dort auch kleine Berater- bzw. Trainerfirmen. Die Tageszeitungen können Sie aber auch als Hilfe mit heranziehen. Überregionale Tageszeitungen führen regelmäßig Seminarkalender, auf mit deren Hilfe Sie ohne weiteres herausfinden können, wer welche Seminare durchführt. Gerade Führungskräfteseminare und sonstige BWL-Themen sind für Sie von Interesse, da mit diesen saisonunabhängig meist recht gutes Geld verdient werden kann und diese keine »Modethemen« wie beispielsweise Neurolinguistische Programmierung (NLP) oder dergleichen sind. Um herauszufinden, wie viel »Masse« hinter dem Namen steht, nutzen Sie das Internet. Dort können Sie zum einen herausfinden, wer der Geschäftsführer bzw. Eigentümer ist und wie er aussieht, denn meist ist er abgebildet. Zum anderen können Sie auch herausfinden, wie viele Mitarbeiter die einzelne Beratung bzw. Trainerfirma aufführt, wie viel Umsatz gemacht wird, wie lange die Firma besteht und ob Zweigstellen in anderen Städten und Ländern bestehen. Wichtig ist auch die Liste der Referenzfirmen. Hier gilt: Je mehr und je bekannter, desto besser. (Ist die Firma im Internet nicht aufgeführt, dann vergessen Sie diese bzw. ihren Geschäftsführer.)

(5) Konzernsklaven

Unter Konzernsklaven verstehen wir natürlich nur Topmanager, nicht etwa Angestellte auf mittlerem Niveau. Letztere sind meist die jungen Akademiker, die zwar immer adrett gekleidet mit Laptop und Handy auf das Konzerngelände fahren, und zwar im MX5, obwohl sie lieber Z1, Z3 oder TT hätten, überall stolz erzählen, sie arbeiteten bei der super XYZ-Unternehmensberatung, -konzern, etc., und sich eigentlich nur über die Firma des Unternehmens identifizieren. Dafür nehmen sie auch gern in Kauf, dass sie einen Stundenlohn haben, über den jeder Frisörlehrling nur mitleidig den Kopf schütteln kann.

Klar, werden Sie sagen, schließlich hat jeder mal klein angefangen. Aber wollen Sie tatsächlich warten, bis (und im worst case ob) dieser Frischling eines Tages Topverdiener wird, weil er es endlich geschafft hat, sich in die Chefetage hochzuschleimen? Was machen Sie, wenn er klein bleibt? Vergeuden Sie nicht Ihre wertvolle Zeit. Denken Sie daran, im Zweifel dauert sein eventueller Aufstieg so lange, dass Sie darüber alt geworden sind und sich Ihr Göttergatte eine attraktive Sekretärin oder blutjunge Praktikantin schnappt! Ersparen Sie sich diese Schmach!

Gehen Sie lieber gleich auf Nummer Sicher und lachen Sie sich den Manager an. Sagen Sie sich immer wie Oscar Wilde: Ich habe einen ganz einfachen Geschmack, immer nur das Beste!

Die Gesichter der Manager und im best case deren Vermögen und Verdienst erfahren Sie am besten aus den einschlägigen Wirtschaftsmagazinen, aber auch aus Tageszeitungen (den vermutlich bislang für Sie langweiligen Wirtschaftsberichten). Ähnlich wie bei den alteingesessenen Unternehmern gleichen Sie die Angaben und Informationen mit den heimischen Firmen ab. Ist einer der bestverdienenden Wirtschaftsbosse aus Ihrer Region aufgeführt? Bingo. Falls nicht, sollten Sie nicht gleich traurig schauen, auch kleinere mittelständische Familien machen gute Umsätze und bezahlen auch dementsprechend ihre Manager. Meist werden die Manager am Umsatz der Firma beteiligt und bekommen nicht selten Millionenbeträge (!) zum Jahresende!

Handelt es sich um eine AG, die an der Börse notiert ist (bei der Bank zu erfahren), sollten Sie die Wirtschaftsberichte unmittelbar bei der Firma anfordern. Falls sie nicht an der Börse notiert ist, können Sie die Berichte bei dem firmenansässigen Amtsgericht einsehen. So können Sie am besten erfahren, wie es um die Finanzen der jeweiligen Firma steht.

Reiche Konzernsklaven müssen so viel arbeiten, dass man sie in der Freizeit kaum antrifft. Das ist ja auch gut, zum Shoppengehen braucht man keinen Mann. Aber auch für diese Berufsgruppe gibt es Kongresse, Tagungen, Veranstaltungen, Geschäftstreffen in unterschiedlichen Städten. Erfahren können Sie dies durch aufmerksame Lektüre der Lokalzeitungen, Wirtschaftszeitungen und Wirtschaftsmagazine. Verschiedene wirtschafts- und unternehmensnahe Gesellschaften veranstalten Treffen in unterschiedlichen Städten. Recherche im Internet erleichtert die Millionärsfindung. Geben Sie die Namen der Kongresse und Gesellschaften im Netz ein. Im Regelfall finden Sie recht schnell, was Sie suchen. Nämlich den nächsten Termin und Ort. Meist dauern diese Veranstaltungen zwei bis drei Tage, so dass Sie die abendliche Flirtlaune der Wirtschaftsbosse ausnutzen und erwidern können.

(6) Broker und New Economists

In der Hochphase der Börse gab es zahlreiche unappetitliche Fettwanste, die von heut auf morgen zu Dollar-Milliardären mutierten. Behaarte, stinkende Zottelwesen mit Lupenbrille, die sich dadurch auszeichneten, dass deren einziger schwarzer Rollkragenpulli, Sommer wie Winter getragen, am Körper festgewachsen war. Wir sprechen nicht vom Yeti, sondern von den High-Potentials der New Economy.

Einige haben Teile ihrer Firma verkauft und leben heut in den USA oder der Schweiz, die meisten haben auf die Beibehaltung dieses Booms vertraut – und tragen immer noch ihre schwarzen Rollis, weil sie sich mittlerweile keine anderen mehr leisten können. Um es krass zu sagen: Große Teile dieser Phänomene sind mittlerweile wieder verarmt.

Börsenspekulanten haben mittlerweile auch keine Lizenz zum Gelddrucken mehr (anders am boomenden Neuen Markt Ende des vergangenen Jahrtausends), deshalb können wir Ihnen nicht unbedingt empfehlen, sich einen Broker zu suchen. Diese Leute leben meist hochspekulativ. Heute sind sie reich, morgen werfen sie sich aus dem 10. Stock ...

c) Promis

Interessante Millionäre tummeln sich unter Prominenten. Gemeint sind sowohl Prominente aus Spitzensport und Wirtschaft als auch aus dem Musik- und TV-Sektor.

Erkennungsmerkmale müssen wir aufgrund des mehr oder weniger hohen Bekanntheitsgrades der einzelnen Herren nicht aufführen. Namen und Informationen entnehmen Sie am besten den einschlägigen Boulevardblättern und Zeitschriften (Gala, Bunte, In Style, Glamour, usw.) sowie den »Klatschreportagen« im Privatfernsehen.

Vielleicht denken Sie jetzt, Ambitionen für derartige Herrschaften zu entwickeln sei völlig absurd; viel zu weit weg erscheinen sie Ihnen durch den schier unerreichbaren Promistatus.

Aber nichts dergleichen ist wahr. Promis kennen zu lernen ist nicht sonderlich schwierig, wenn man weiß, wo sie sich aufhalten. Dazu möchten wir Sie aber auf gewisse Kleinigkeiten hinweisen. Zum einen haben Prominente die Möglichkeit, aus dem Vollen zu schöpfen. Für sie ist das Angebot an schönen, jungen Frauen enorm hoch, sie können sich aussuchen, wen sie sich für die Nacht mit aufs Hotelzimmer nehmen. Jeder Star kann nach einem Auftritt damit rechnen, eine Vielzahl junger und hübscher Groupies vor seinem Hotelzimmer vorzufinden.

In diesem Zusammenhang ermahnen wir zur Vorsicht vor allzu positiver finanzieller Einschätzung: Zahlreiche Promis geben durch Zeitungsartikel oder Fernsehberichte einen Lebensstandard vor, den sie sich normalerweise gar nicht leisten können. Entgegen vieler Auffassungen sind etliche Promis gar nicht sonderlich wohlhabend, insbesondere junge deutsche Schauspieler. Sie sollten sich demzufolge nicht von der Popularität eines Promis blenden lassen. Auch die von geschäftstüchtigen Machern zusammengewürfelten

Popbands, deren Stars ein Festgehalt bekommen und bei großen Plattenfirmen für die nächsten Jahre unter Vertrag stehen, um danach verheizt zu werden, sind zwar prominent, aber nicht reicher als ein Fließbandarbeiter!

Das sollte Sie nicht abschrecken, denn immerhin hätten Sie durch einen armen Promi eine gute Möglichkeit, reiche Promis kennen zu lernen, nämlich auf internen Partys, zu denen nur geladene Gäste und Klatschreporter Zutritt haben.

Aber es gibt es ja auch Promis, die im Geld schwimmen können, z. B. Musikproduzenten aus dem hohen Norden oder dem tiefen Süden. Auch ein Udo Jürgens kann nicht als arm bezeichnet werden und ganz bestimmt auch kein Robbie Williams. Auch Schauspieler, insbesondere wenn sie im Ausland Erfolge feiern konnten, haben meist ein paar Millionen harter Währung auf dem Konto. Von Spitzensportlergagen (insbesondere Tennis-, Fußball- und Motorsport) ganz zu schweigen.

Sollten Sie sich für einen Promi entscheiden, müssen Sie einiges beachten. Die meisten wissen, dass die Frauen es auf ihren Promistatus und ihr Geld abgesehen haben oder dass sie ihn als Sprungbrett für die eigene Karriere nutzen wollen.

Dementsprechend behandeln sie auch Frauen (was aus ihrer Sicht auch nachvollziehbar ist). Wie austauschbare Ware. Ist die eine Frucht faul geworden, kommt das nächste Früchtchen, das Angebot ist ja riesig.

Und trotzdem gibt es Meldungen über Traumhochzeiten von alten Promis mit Nichtprominenten, bzw. erst dadurch prominent gewordenen jungen Frauen. Sicherlich haben diese Glücklichen dafür auch hart gearbeitet, täglich verschiedene Jobs ausgeführt (Blow Job etc.).

Bei jungen Prominenten mag dies im Zweifel nicht gelten, da sie meist noch an die Liebe glauben und ihren Prominentenstatus nicht unbedingt mit wimpernklimpernden »Naturschönheiten« um sie herum in Verbindung bringen. Sie behandeln ihre potenzielle Zukünftige dementsprechend zuvorkommender. Aber in den seltensten Fällen sind sie ausreichend wohlhabend, da sie ja erst am Anfang ihrer Karriere stehen. Ausnahmen bilden prominente Profisportler (von denen gibt es aber genau genommen nicht mal eine Hand voll) oder amerikanische Superschauspieler.

Prominente lernt man leichter kennen, als man glaubt. Natürlich sollten Sie die Gabe entwickeln, sich von den Groupies zu unterscheiden, es sei denn, Sie wollen ihn nur für eine Nacht. In kurzen Momenten hat ja schon so manch eine clevere Frau ihre Schäfchen ins Trockene gebracht, d. h. einen millionenschweren Nachkommen gezüchtet. Auch wenn das sehr verlockend ist, würden wir Ihnen hiervon abraten, weil ungeschützter Verkehr gerade mit diesen heiß begehrten Männern, die keinen Groupie anbrennen lassen, ein lebensgefährliches Risiko birgt. Es gibt nach wie vor kein Heilmittel gegen AIDS! Sie sollten nicht russisches Roulette mit Ihrer Gesundheit spielen. Prominente lernt man am besten auf Reisen kennen. Sie halten sich häufig während ihrer Auftritte oder auf Tourneen in bekannten Hotels auf, in denen manche Stars sogar ganzjährig residieren.

Recherchieren Sie bei Konzertbüros, welcher Promi wann in Ihre Stadt kommt. Versuchen Sie herauszufinden, in welchem Hotel er sich eingemietet hat. Prominente, die schon einmal in einer bestimmten Stadt zu Gast waren, gehen gerne immer wieder in das gleiche Hotel. Oft berichten Presse und Fernsehen schon einige Tage vor Eintreffen des Superstars davon, in welchem Hotel er wohnt. Halten Sie die Augen auf. Zu diesem Zweck zahlt sich ein regelmäßiger Barbesuch im teuersten Hotel Ihrer Stadt aus. Wenn Sie in langer Vorbereitung das Vertrauen des Servicepersonals erschlichen haben, dürfte es nicht schwer sein, Ihr detektivisches Gespür walten zu lassen und entscheidende Informationen rechtzeitig zu erhalten. Sichern Sie sich ein Zimmer in dem betreffenden Hotel, wenn Sie wissen, wo Ihr Angriffsobjekt logiert. Haben Sie keine genauen Informationen ergattern können und stehen mehrere zur Auswahl, nehmen Sie das, was dem Veranstaltungsort am nächsten ist. Hier ist die Wahrscheinlichkeit am höchsten, dass der Promi dort absteigt. Nach den Auftritten nimmt er meist mindestens einen »Absacker« an der Bar. Falls der von Ihnen ins Auge gefasste Promi nicht in Ihre Stadt reist, sollten Sie sich davon nicht abhalten lassen. Reisen Sie dorthin, wo er auftritt. Informieren Sie sich über die Tourdaten im Voraus, z. B. im Internet, und buchen Sie dann ein Zimmer nach den oben genannten Kriterien.

Es gibt aber auch Veranstaltungen, die in einer Stadt über mehrere Tage andauern, z. B. Filmpreisverleihungen wie die Berlinale, Filmfestspiele in Cannes oder gar die Oscarverleihung in Hollywood. Bei derartigen Veranstaltungen ist die Promidichte in dem Ort, in der Stadt extrem hoch. Es gibt angesagte Lokale, über die man sich bereits vorher informieren sollte. Lesen Sie die Klatschmagazine, aber auch Lokalzeitschriften und -zeitungen. Besonders die Berichte des Vorjahres geben oft genug Aufschluss darüber, welche Hotels, Restaurants und Kneipen die höchste Promidichte aufweisen. Zu jedem Festival gibt es spezielle Magazine, die darüber berichten, wo welche Veranstaltungen stattfinden und welche Promis dort aller Wahrscheinlichkeit anzutreffen sind. Auch erweisen sich immer wieder bestimmte Lokale als der Szenetipp, in dem sich alle Promis tummeln. Die Adressen dieser Lokale finden Sie in den eben genannten Stadtmagazinen. Wird dort ein bestimmtes Lokal empfohlen, dann sollten Sie rechtzeitig einen Tisch reservieren. Bei mehrtägigen Events am besten gleich für jeden Tag der Veranstaltung. Professioneller ist es natürlich, wenn Sie bereits vorher in dem Lokal ein und aus gehen und der Wirt Sie schon als Stammgast wahrgenommen hat. So fällt Ihr Agieren an den Veranstaltungstagen nicht sonderlich auf, Promis haben häufig zu den Wirten der Lokale einen guten Bezug und wenn der Wirt Ihr Gesicht bereits aus Zeiten kennt, in denen nicht so viele Promis in dem Lokal waren, kann das für Sie nur positiv sein.

Falls es sehr viele angesagte Lokale gibt, sollten Sie sich am besten mit mehreren Gleichgesinnten zusammentun und einen sog. Promicheck machen, d. h., Sie teilen sich unter den Lokalen auf, und wer einen (bzw. mehrere) gesichtet hat, ruft die anderen an, die dann natürlich schnell herbeieilen. So steigt Ihre Chance, den Promi fürs Leben kennen zu lernen. Falls Sie in der Stadt leben, in der es eine Veranstaltung gibt, können Sie die Promidichte evtl. sogar von zu Hause beobachten. Es gibt in einigen Lokalen Webcams. Mit Hilfe eines Internetanschlusses könnten Sie so überprüfen, wer sich wo aufhält. Unterwegs bietet Ihnen ein Laptop oder Handy mit Internetzugang natürlich den gleichen Komfort.

Sie sehen: Ohne Recherche werden Sie Ihren Prominenten auch später nur in der Zeitung sehen, aber nie mit ihm kuscheln! Also, ran an die Arbeit! Hinsichtlich der Promi-Spitzensportler gilt an sich nichts anderes. Beispiel Fußball: Gerade der Profisport bietet ein Sammelbecken finanzieller Sahnebonbons, die nur darauf warten, herausgefischt zu werden.

Die horrenden Fußballgehälter sind zwar kein Geheimnis, für viele trotzdem rätselhaft. Gerade das ist es doch, was einen Profifußballer so ungemein attraktiv macht, nicht wahr?!

Es ist auch nicht schwer, einen Fußballer herumzukriegen. Sie benötigen dafür nur die Informationen, wo sich welche Spieler wann aufhalten. Mit etwas Geschick erfahren Sie das schnell in den dafür in Frage kommenden (teureren) Cafés und Bars der Stadt, für die der jeweilige Verein spielt. Oft genug hängt an irgendeiner Wand ein verräterisches Mannschaftsfoto. Bei Zweifeln fragen Sie den Wirt. Wirte brüsten sich gerne mit derartigen Informationen.

2. Mehr-Generationen-Millionäre und ihre heiratsfähigen Söhne

a) Alteingesessene Unternehmer

Kommen wir zur Gruppe der distinguierten Reichen. Das sind meist diejenigen, die entweder selbst ein alteingesessenes Familienunternehmen (Millionäre zwischen 40 und 95) leiten oder zumindest mitleiten oder dieses eines Tages übernehmen (Männer im heiratsfähigen Alter bis 40). Diese Millionäre kennt man entweder vom Namen her, aus der Lokalpresse oder aus Wirtschafts-Magazinen. Sie erkennt man meist an sehr gut sitzenden Maßanzügen aus hochwertigen Stoffen. Immerhin repräsentieren sie ja ihre bedeutende Familie, die an Relevanz durchaus dem Adel aus vergangenen Zeiten ebenbürtig ist.

Darüber hinaus verfügen sie über hochwertige Uhren, häufig aber eher zurückhaltende Modelle, wie etwa von Lange und Söhne oder Jäger Le Coultre oder Georg Jensen. Rolex oder Cartier trifft man dort eher selten an, wenn überhaupt, dann sicherlich eher die unauffälligen Exemplare. Im Gegensatz zu den Neureichen und solchen, die es gerne wären, haben alteingesessene Reiche nicht das unstillbare Bedürfnis, anderen zu zeigen, was sie haben. Bereits aus reinem Selbstschutz ist eher das Gegenteil der Fall. Allein der Name dieser Männer, der oft genug bevölkerungsweit mit einem bestimmten Produkt des täglichen Gebrauchs in Verbindung gebracht wird, lässt jeden erkennen, dass es sich bei ihnen nicht um potenzielle Sozialhilfeempfänger handelt. Im Übrigen haben sie meist eine nicht unerhebliche Anzahl von Arbeitskräften und Angestellten unter sich. Bereits aus diesem Grund würden sie nicht das Arbeitsklima durch übertriebene »Markenpräsenz« und dem damit verbundenen Neidfaktor trüben wollen.

Das spiegelt sich auch in der Wahl ihrer Fahrzeuge wider. Beliebte Modelle für Freizeit und Beruf sind Audi Kombi, Mercedes Kombi, Volvo Kombi, VW Passat Kombi oder der schlichte VW Golf.

Je nach Größe des Unternehmens wird zu repräsentativen Zwecken aber auch die Mercedes S-Klasse oder wahlweise der BMW-Siebener oder der Audi A 8 hervorgeholt, häufig mit Fahrer. Mindestens eins dieser großen Schiffe steht in fast jeder Garage alteingesessener Unternehmer.

Aufgrund ihrer eher zurückgezogenen Lebensweise ist es natürlich viel schwieriger, diese Millionäre anzutreffen.

Sicherlich kann es vorkommen, dass Sie einen dieser Millionäre abends in der heimischen Kneipe um die Ecke sehen, auch kann es sein, dass er sich vielleicht sogar in einer Szenekneipe aufhält, aber durch sein Verhalten fällt er viel weniger auf als seine neureichen Millionärskollegen. Hinzu kommt, dass er durch seine Freizeitgarderobe (meist Jeanshose, Hemd, Pulli und Barbour-Jacke) geradezu unscheinbar wirkt.

Eigentlich kann man ihn nur erkennen, wenn man sein Gesicht aus der Lokalzeitung oder aus sonstigen Zeitschriften kennt. Familienmitglieder traditioneller und alteingesessener Unternehmen verfügen traditionswahrend über eine exzellente schulische und universitäre Ausbildung. Sie haben meist ihre Interessensgebiete im künstlerischen, literarischen, philosophischen und politischen Bereich. Aus diesem Grund findet man sie häufig in politischen Parteien des konservativen oder liberalen Lagers, auf Ausstellungseröffnungen, Theater- und Konzertpremieren, literarischen Lesungen, bei Wohltätigkeitsorganisationen (allerdings solchen, in die man als No Name keinen Zutritt hat), in Unternehmerclubs oder sonstigen Clubs, in denen sie »unter sich sind«.

b) Nicht verarmter Adel

Nun kommen wir zu den Traumprinzen wohl jeder Frau. Welche Frau wünscht sich nicht, dass ihr Kindheitstraum in Erfüllung geht? Der, in dem der Prinz auf seinem Schimmel herangeritten kommt, sie mit einem kräftigen Händedruck auf den Pferderücken zieht und gemeinsam mit ihr auf sein exzellentes Schloss in attraktiver Hanglage mit unverbaubarem Blick reitet, um sie dort zu ehelichen. Auch wenn die Schwiegermutter schrecklich ist. Das Angebot an nicht verarmtem Adel ist leider nicht sehr groß. Verarmter Adel kommt für Sie nicht in Betracht. Warum ist frau eigentlich so verrückt auf einen Adelstitel? Sicherlich ist es das damit verbundene Gefühl, etwas Besonderes zu sein. Das Gefühl, dass man nicht zu dieser fürchterlichen Masse, diesem Plebs gehört, zu diesen unzähligen Meiers, Müllers und Schulzes. Nein, man ist etwas Herausragendes, jemand, der mit Ehrfurcht zu behandeln ist, und das, weil die Vorfahren (wenn auch nur die angeheirateten) eine Sonderstellung erzielten, weil sie stärker bzw. besser waren als die anderen – als die Masse. Adel ist und bleibt sehr begehrenswert und ist mit einem hohen Neidfaktor behaftet.

Die Frage, woran ein nicht verarmter Adliger zu erkennen ist, ist nicht ganz leicht zu beantworten. Leider fällt er durch sein Äußeres nicht besonders auf, da er höfische Kleidung und Perücken mittlerweile abgelegt hat.

Eine Richtschnur kann höchstens der Landlordstil bieten, aber auch das hängt davon ab, ob er beispielsweise Großgrundbesitzer ist. Lebt er in der Stadt, ist er von anderen Herren der Schöpfung im gehobenen Kreis nicht zu unterscheiden. Auch die Automarke gibt in den wenigsten Fällen Aufschluss über den Adelsstand. Adlige, die Wert auf ihren Stand legen und dementsprechend Savoir-vivre haben, greifen auf englische Automarken zurück, auch wenn diese mittlerweile nur noch einen englischen Namen und englische Geschichte haben. In Betracht kommen meist Range Rover, Jaguar und Rolls Royce.

Leider gibt auch ein Siegelring keinen Aufschluss über die adelige Abstammung der Person. Heutzutage trägt Krethi und Plethi einen Siegelring. Immer mit der Hoffnung, nach außen zu kommunizieren, man sei etwas Besonderes, da kann die Familie noch so schlicht sein und den langweiligsten Namen tragen. Man lässt sich halt ein Siegel fertigen und schon hat der Name Meyer einen vermeintlich adeligen Hauch. Je unwichtiger die Familie, desto einfallsreicher wird das Siegelmotiv: Notfalls muss das jeweilige Landeswappen herhalten.

Will man anhand eines Siegelringes die tatsächliche adelige Herkunft ablesen, muss man mit der betroffenen Person derart auf Tuchfühlung gehen, dass man sich bereits einander vorstellen kann. Es sei denn, man hat Adleraugen. Siegelringe tatsächlich Adliger höheren Standes erkennt man in der Regel am Motiv: Es sollte sich um eine Krone handeln.

Anhand der Zacken der Krone kann man den Adelsstand absehen. Je höher die Anzahl der Zacken ist, desto höher ist der Adelsstand.

Woran können Sie denn abgesehen vom Siegelring mit Kronenmotiv erkennen, ob Sie einen Adligen vor sich haben?

An sich gibt es (zumindest überwiegend im westlichen Teil) in Deutschland kaum eine Stadt, in der es keine Adligen gibt. Sie ausfindig zu machen bedarf ein wenig Eigeninitiative. Zeigen Sie Ihr detektivisches Gespür. Fragen Sie Ihre Bekannten und Verwandten aus, lesen Sie aufmerksam die Lokalzeitungen und die Szenezeitschriften Ihrer Stadt. Adlige sind gern gesehene Mittelpunkte von Partys, über die in den einschlägigen Zeitschriften berichtet wird – mit Foto und Namen! Prägen Sie sich die Gesichter ein. Gehen Sie in das örtliche Stadtarchiv. Immerhin arbeiten Sie gerade an einer »Geschichte über die Adligen der Stadt« (alles Auslegungssache). Damit wird Ihnen sicherlich gern Auskunft erteilt.

Natürlich gibt es auch bezüglich nationalem und internationalem Adel die Möglichkeit der Information über Zeitschriften wie Bunte oder Gala. Die Hochzeit mit einem Adligen erscheint Ihnen aufgrund Ihrer bürgerlichen Herkunft utopisch?

Das sollte es aber nicht. Beispiele wie Mette-Marit, Maxima oder Camilla zeigen, dass sich auch Nichtadlige auf dem Parkett des Hochadels graziös bewegen können. Die Zeiten inzestuöser Verflechtungen sind zum Glück vorbei.

Aber machen wir uns nichts vor. Die Chancen, einen Kronprinzen zu ehelichen, sind aufgrund des Angebots (keine Hand voll) und deren Alter nur stark begrenzt. Konzentrieren wir uns auf unsere heimischen Barone, Grafen, Fürsten und Prinzen, die uns neben einem geschmackvollen und gediegenen Lebenswandel voller Luxus auch noch ein lebenslang anhaftendes Image schenken. Dagegen ist ein einfacher Dr.-Titel absolut uninteressant.

Selbst ein simples »von«, das allein meist von einfachem

Adel zeugt, ist dazu in der Lage, eine einfache Herkunft um Längen aufzupolieren. Mit einem »von« im Namen wird man nicht nur zuvorkommender behandelt (so wie es sich auch für Adlige gehört), nein, man hat sogar nachgewiesenermaßen bessere Berufschancen – sofern das für Sie überhaupt von Interesse ist.

Bedenken Sie aber: Ein »von« ist erforderlich. Bitte weder ein »van« noch ein »vom«, deren Herkunft alles andere als adelig ist.

Familienmitglieder nicht verarmten Adels genießen ebenso wie Familienmitglieder von alteingesessenen Unternehmen im Regelfall eine exzellente schulische und universitäre Ausbildung (Eliteinternate und Eliteuniversitäten).

Danach richten sich auch ihre Hobbys: Vornehmlich Geschichte, Kunst, Literatur, Architektur, Ausland, Tiere und Jagd, aber auch moderne Themen wie Geschäftliches, Film und Fernsehen, Autos, Sport und dergleichen.

Sie sollten jetzt in der Lage sein, einen Millionär zu erkennen. Kommen wir nun zu den möglichen Aufenthaltsorten der Herren.

Kapitel II

TREFFPUNKTE DER MILLIONÄRE

1. Beruf

Der Beruf bietet vielfältige Möglichkeiten, wie man den auserwählten Prinzen kennen lernen kann, »per Zufall«, versteht sich.

a) Der Millionär als Arbeitgeber

Recht gute Erfolgsaussichten haben Sie als Mitarbeiterin in der Firma des Millionärs. Als Chefsekretärin sitzen Sie im Vorzimmer Ihres Opfers und sind ihm für den Großteil des Tages näher als sonst irgendjemand. Bereits zu Beginn lernen Sie ihn mit all seinen Vor- und Nachteilen sehr gut kennen. Außerdem pflegen Sie täglichen Blickkontakt. Denken Sie daran, dass ein vielbeschäftigter Unternehmer kaum Kontakt zur normalen Außenwelt hat und seine Möglichkeiten, eine neue Frau kennen zu lernen, sehr gering sind. Wenn Sie ihn täglich top gestylt mit einem bezaubernden Lächeln empfangen und ihn mit Kaffee, Keksen und Ihrer fleißigen Art verwöhnen, kann er Ihnen bei entsprechender Taktik gewiss nicht auf Dauer widerstehen. Zahlreiche Unternehmens-First-Ladys waren früher Sekretärinnen ihrer Ehemänner.

Sollten Sie die Anforderungen, die an diesen Beruf geknüpft sind, erfüllen, dann bewerben Sie sich. Zugegebenermaßen ist diese Chance eher selten gegeben und Sie sollten nicht enttäuscht sein, wenn es nicht klappt.

Auch andere Positionen als die der Chefsekretärin sind vielversprechend. Der Unternehmer hält sich für gewöhnlich am längsten in seiner Firma auf. Selbst wenn Sie einen normalen Sachbearbeiterjob haben oder Praktikantin sind, sollten Sie beobachten, wann und wo der Unternehmenschef seine Firma betritt und verlässt. Dann sehen Sie zu, dass Sie ihm regelmäßig attraktiv, lächelnd und sehr beschäftigt über den Weg laufen (Fahrstühle!).

Kundschaften Sie auch aus, ob er die Kantine besucht, wenn ja, wann und mit wem. Es kann jeder bezaubernden Angestellten passieren, dass sie versehentlich das Tablett des Unternehmers touchiert oder dass der Unternehmenschef sie berührt (stellen Sie sich günstig ungünstig hinter ihn, ist er der vermeintliche Verursacher und wird Sie sicherlich zum Essen einladen, als Wiedergutmachung für Ihre völlig ruinierte, durchnässte Seidenbluse). Dies gilt für sämtliche Unternehmen, von der normalen mittelständischen über Rechtsanwalts- und Arztpraxen bis hin zum Großunternehmen.

Einen leichten Einstieg finden Sie übrigens als Empfangsdame. Hier müssen Sie in der Regel lediglich gut aussehen und eine angenehme Stimme vorweisen. Viele mittelgroße bis große Kanzleien und Arztpraxen, Großunternehmen und Banken leisten sich eine solche Dame, an der keiner unbemerkt vorbeikommt, schon gar nicht der Chef!

Ein weiterer Weg, den Millionär fürs Leben zu finden, ist sein eigenes Haus. Natürlich meinen wir jetzt nicht, dass Sie in dem Haus irgendwelche Staubsauger, Zeitschriftenabonnements, Versicherungen oder neue Mikrofaserputztücher verkaufen sollen. Der Beruf der Haushaltshilfe, der Haushälterin, des Kindermädchens oder gar des Au-pair-Mädchens kann sehr hohes Erfolgspotenzial in sich bergen, und zwar unabhängig von Ihrem Alter.

Wir sprechen von der Frau, die die ureigensten Wünsche des Millionärs erfüllen kann, die ihn umsorgen kann wie die eigene Mutter, die Dinge im Haus für ihn macht, die die eigene Ehefrau (so denn vorhanden) nicht tun würde. Dies ist die Frau, die – obwohl sie fremd ist – zur Familie gehört, die gegenüber der Familie loyal und verschwiegen ist, die in den engsten Kreis der Privatsphäre hereingelassen wird. Besonders in Haushalten, in denen der Mann allein lebt oder nur mit Kindern, sind die Aussichten auf Erfolg (eine Heirat) beträchtlich. Aus dem Alltag, den Sie mit Bravour bestreiten, kann sich urplötzlich eine Romanze entwickeln. Seien Sie stets gepflegt, fröhlich, höflich, fleißig, charmant und immer für ihn da, dann werden Sie erstaunt sein, wie schnell eine wahre Liebe entstehen kann. Insbesondere wenn eventuell vorhandene Kinder Sie voll und ganz akzeptieren und vielleicht sogar lieben.

Falls eine Ehefrau im Haus mit lebt, dann sollte Sie diese auch nicht davon abhalten, Ihr Ziel strebsam zu verfolgen. Sie können auf dem Weg sogar feststellen, wo und wie es in der Beziehung hapert, und genau dort können Sie ansetzen und Ihre Angel auswerfen. Sollten Sie als Haushälterin und/oder Kindermädchen in dem Haus tätig sein, spricht für Ihre Funktion, dass die gute Frau des Hauses häufig außer Haus ist oder auf Reisen. In dieser Zeit können Sie den Mann besonders verwöhnen. Haushaltshilfen werden unter anderem über die Tageszeitungen, in größeren Häusern auch über eine überregionale Zeitung gesucht oder über Agenturen vermittelt. Am besten ist es natürlich, wenn Sie in dem Bereich schon gewisse Erfahrungen haben. Anfängerinnen werden eher selten genommen, da sollten Sie dann Ihr Glück als Au-pair (je nachdem wie jung bzw. alt Sie sind) versuchen oder als Nachhilfelehrerin für die Kinder des Millionärs. Aber auch hier hilft unter Umständen eine kleine Lüge weiter. Haben Sie früher öfter auf Ihre kleinen Geschwister aufpassen müssen? Haben Sie Ihrer Mutter samstags beim Hausputz geholfen? Oder haben Sie Ihren eigenen Haushalt geführt? Na wunderbar, dann sind Sie doch nicht unerfahren. Sie müssen ja nicht sagen, dass es Ihr eigener Haushalt war, den Sie geführt haben! Oft genug gibt es im Buchhandel weiterführende Literatur zum Bereich »Haushälterin«, da können Sie nach erfolgter Lektüre zusätzlich mit ein bis zwei Fachbegriffen jeden Zweifel des Arbeitgebers aus dem Weg räumen.

Es gibt viele Wege in das Herz Ihres Auserwählten. Haben Sie nur Mut!

b) Aktionärsversammlungen

Sollten Sie Ihr Augenmerk auf einen Unternehmer gerichtet haben, dann recherchieren Sie, ob die jeweilige Firma eine Aktiengesellschaft ist, die obendrein an der Börse notiert ist. Ist dies der Fall? BINGO! Gehen Sie zu Ihrer Bank und kaufen Sie sich Aktien. Eine Aktie reicht vollkommen, um zu der nächsten Aktionärsversammlung eingeladen zu werden. Dort hält sich auch der Chef des Unternehmens auf. Kleiden Sie sich attraktiv! Ein tailliertes Kostüm, lange Haare und markante High-Heels lenken die Blicke der ansonsten eher grauen Runde garantiert auf Sie. Überlegen Sie sich evtl. sogar eine schlaue Frage, die Sie dem Firmenchef bei Gelegenheit stellen können.

c) Seminare

Fast jeder Unternehmer und Geschäftsführer bildet sich mit Führungskräfte- und Fachthemenseminaren bzw. -veranstaltungen weiter. Auch wenn Ersteres vielleicht nicht für die eigentlichen Firmeninhaber gilt, immerhin haben sie dafür ja Leute angestellt, so gilt dies sicherlich für die führenden Angestellten. Diese Seminare dauern meist einige Tage.

Die Termine und Orte dieser Seminare erfahren Sie aus einschlägigen, überregionalen Tageszeitungen, die regelmäßig ihre Seminarkalender herausgeben (1- bis 4-mal pro Monat je nach Blatt), z. B. FAZ, Handelsblatt. Auch Fachzeitungen geben Termine und Orte bekannt. Die überwiegende Zahl der Seminare findet in Hotels statt. Mieten Sie sich dann in dem entsprechenden Hotel ein; Sie werden erstaunt sein, wie viele Seminarteilnehmer abends an der Hotelbar noch einen »Absacker« trinken. Am Morgen im Frühstücksraum herrscht Flirtlaune. Flirten Sie, was das Zeug hält!

Für Firmeninhaber können Themen wie »Unternehmensnachfolge« etc. von Interesse sein. Seien Sie aufmerksam und versuchen Sie, sich in die Situation des Unternehmensinhabers hineinzuversetzen.

Ein ideales Hilfsmittel, das Sie sich zu diesem Zweck zulegen sollten, ist ein Laptop oder Handy mit Internetzugang. Nachdem Sie die Teilnehmerliste studiert haben, sehen Sie sich im Internet an, was die Firma Ihres Millionärs in der letzten Zeit getan hat und woran man zurzeit arbeitet. Aus den gewonnenen Informationen können Sie dann Fragen entwickeln, mit denen Sie Ihren Auserwählten ansprechen können. Falls Sie keine (Einzel-)Unternehmerin sind, können Sie sich als solche ausgeben und an dem Seminar selbst teilnehmen. Hierbei ist allerdings zu beachten, dass diese Seminare häufig recht kostspielig sind und ein Wochenende mehrere Tausend Euro kosten kann. Wägen Sie das ab. Ein bloßer Hotelaufenthalt ist da um einiges billiger und evtl. ähnlich erfolgversprechend. Bei der Teilnahme an einem Seminar selbst besteht natürlich die Möglichkeit, mit einfachen Mitteln aufzufallen, dafür reicht es meist schon, wenn Sie sich für ein gut sitzendes, feminines, sprich tailliertes Kostüm in auffälliger Farbe entscheiden und mit hochhackigen und hochwertigen Schuhen und dezent geschminktem Gesicht erscheinen. Bedenken Sie bei der Wahl Ihrer Garderobe und Ihrer Lippenstiftfarbe, dass dies kein Casting für die Rolle des Joker in Batman und auch kein Vorstellungsgespräch für den Beruf der Kosmetikverkäuferin bei Douglas ist.

d) Sonstige Weiterbildungs- und Informationsveranstaltungen

Andere Möglichkeiten, sich in einschlägigen Themen weiterzubilden, werden gern von Unternehmern und leitenden Angestellten wahrgenommen. Versetzen Sie sich einfach in deren Situation. Die Herren haben immerhin eine tolle Ausrede, ihr Zuhause für ein Wochenende zu verlassen, ohne dass deren Ehefrauen etwas befürchten müssen. An dem Wochenende lernen die Teilnehmer neue Menschen kennen, können interessante Kontakte für die Firma knüpfen und hervorragenden Referaten bekannter Wirtschaftspersönlichkeiten lauschen.

Hierfür sind z. B. Veranstaltungen der Industrie- und Handelskammer interessant, auch solche des Industrie- und Handelsclubs oder der Unternehmerverbände.

Die einzelnen Termine und Orte erfahren Sie – wie gehabt – aus jener Fachpresse, um die Sie bislang wahrscheinlich eher einen großen Bogen gemacht haben. Aber selbst Ihre Lokalzeitung oder IHK-Magazine geben regelmäßig Ankündigungen hierzu. Sollte Ihnen eine Anschaffung der z. T. recht teuren Businessblätter zu kostspielig sein, können Sie sich einen Benutzerausweis für die Stadtbibliothek oder die Unibibliothek besorgen, um in der dort vorhandenen Zeitschriftenecke in Ruhe zu stöbern. Neben den Papiermedien kann eine Recherche im Internet sehr hilfreich sein. Geben Sie dafür in die Suchmaschine Schlüsselbegriffe wie »Gesellschaft«, »BWL«, »Jura«, »Medizin« und dergleichen ein, insbesondere auch Begriffe, die das Unternehmen Ihres Auserwählten betreffen. So können Sie gleichzeitig mehr über den Unternehmer und seine Firma erfahren. Die Zeit hierfür lohnt sich, also planen Sie sie entsprechend ein.

Wenn Sie die Termine und Örtlichkeiten in Erfahrung gebracht haben, sollten Sie sich auch hier – sofern Sie nicht persönlich an den Veranstaltungen teilnehmen wollen oder können – in die entsprechenden Tagungshotels einbuchen, um sich in die Schusslinie Ihres Jägers zu bringen. Handelt es sich – wie meist – um Tagungshotels der gehobenen Klasse, sollten Sie früh aufstehen und bereits im Hotel schwimmen gehen oder den Fitnessbereich aufsuchen. So begegnen Sie unter Umständen einem der interessanten und erfolgreichen Unternehmer oder Manager. Die wenigsten Erfolgreichen sind Langschläfer, sie leben nach dem Motto »der frühe Vogel fängt den Wurm«.

Begegnen Sie ihm in diesen Bereichen mit gepflegtem Make-up, machen Sie deutlich,

- dass Sie wie <u>er</u> denken
  = *Sympathiepunkt Nr. 1*
- dass Sie berufstätig und selbstständig sind
  = *Sympathiepunkt Nr. 2*

– dass Sie körper- und schönheitsbewusst sind
= *Sympathiepunkt Nr. 3*
– dass Sie sportlich sind
= *Sympathiepunkt Nr. 4*

Laufen Sie ihm dann abends an der Bar über den Weg oder gar auf der Veranstaltung, dürfen Sie intensiveren Blickkontakt wagen und haben gleich ein Gesprächsthema wie etwa: »*Haben wir uns nicht heut morgen ...*« oder »*beim dritten Mal geben Sie aber einen aus*«. Zwar nicht originell, aber als Klassiker erfolgversprechend.

e) Messen

Eine weitere Möglichkeit der Kontaktaufnahme bieten Messen.

Zum einen kommen Fachmessen in Betracht, beispielsweise die der Mediziner, des Baugewerbes usw.. Leider ist der Zugang oft nur Fachpersonen vorbehalten. Für diese Fälle müssen Sie sich also etwas einfallen lassen. Vielleicht haben Sie einen Bekannten, der Sie mitnehmen könnte? Oder Sie versuchen, die Karten als vorgebliches Fachpersonal über das Internet zu erwerben. Seien Sie kreativ!

Wenn Sie noch unter 25 sind und gut aussehen (anderenfalls fangen wir noch heute an, an Ihrem Aussehen zu arbeiten), dann melden Sie sich bei der jeweiligen Messeleitung und schlagen sich als Messehostess vor. Sie können sich über Jobvermittlungen oder das Internet auch direkt bei einer Hostessenagentur bewerben, machen Sie dann aber deutlich, dass Sie unbedingt auf diese oder jene Messe wollen. Auf den richtigen Messen könnte das eine oder andere Sahnebonbon auf Sie aufmerksam werden und Sie ansprechen.

Sichern Sie sich Kontakte, um abends auf die Partys eingeladen zu werden.

Handelt es sich um eine Messe ohne Zugangsbeschränkung, besuchen Sie diese. Oft sind die Eigentümer bzw. Geschäftsführer selbst an den Ständen; unter Umständen lernen Sie die interessanten Personen bei Fachgesprächen kennen. Arbeiten Sie sich vorher aber in entsprechende Themen ein!

Lassen Sie keine Chance ungenutzt. Denken Sie daran: Mit der Tatsache, dass Sie auf derselben Messe sind, machen Sie deutlich, dass Sie dieselben Interessen bzw. Berufe oder Bezüge zum Beruf haben (Sie müssen ihm ja nicht gleich mitteilen, dass Sie nur seinetwegen Bezug zum Beruf haben).

2. Sport

Nahezu jeder Millionär treibt Sport oder tut zumindest so. Das gehört eben zu einem erfolgreichen, figur- und gesundheitsbewussten Leben.

a) Jogging in »Millionärsgegenden«

Die sehr Reichen, die die Öffentlichkeit eher scheuen, vollziehen ihre Fitnessprogramme im hauseigenen Fitnessstudio, danach geht es zum Schwimmen in den Pool und anschließend noch einige Minuten in die Sauna. Schade, die können Sie auf diesem Wege nicht kennen lernen.

Allerdings gibt es auch bei dieser Sorte Millionär den einen oder anderen, der sich mit größter Vorliebe durch Jogging fit hält und der die Gegend außerhalb seines eigenen Grundstücks bevorzugt. So haben Sie die Möglichkeit, ihn beim Joggen kennen zu lernen. Klären Sie aber, dass es sich tatsächlich um einen Millionär handelt und nicht bloß um den Fahrer oder den Sohn des Butlers. Haben Sie das herausgefunden, dann sollten Sie, um aufzufallen, entweder Ihr schauspielerisches Geschick walten lassen oder extrem fit sein.

Wenn Sie herausgefunden haben, um welche Uhrzeit der Auserwählte seinem Joggingprogramm nachgeht, sollten Sie eine Stelle ausfindig machen, an der Sie ihm am besten begegnen, ohne dass Sie selbst schon 10 km gejoggt sind. Sie sollten keine knallrote Hautfarbe haben, die zu Ihrem roten Lippenstift in Konkurrenz tritt. Immerhin wollen Sie doch nicht, dass er Ihretwegen den Notarzt ruft, weil er denkt, Sie platzen gleich. Sie sollten fit wirken und nicht herzkrank. Eine fitte Frau deutet auch darauf hin, dass sie im Bett einiges drauf hat und nicht nur phlegmatisch kaugummikauend »unten liegt«. Auf jeden Fall sollten Sie dezent geschminkt sein, ein gut sitzendes Outfit tragen, nicht stinken, eher gut duften und auch nicht übermäßig schwitzen. Das schaffen Sie nur, wenn Sie entweder topfit sind oder vor dem zufälligen Treffen noch nicht viel gelaufen sind.

b) Golfen

Golf ist eine beliebte Sportart bei jungen und auch bei älteren Millionären. Diese Sportart fördert die Konzentration, lässt einen nicht übermäßig schwitzen und bringt einem im Regelfall zahlREICHE Sozialkontakte. Die Anfangs- und monatlichen Beitritts- bzw. Mitgliedsgebühren sind in vielen Clubs für Normalsterbliche unerschwinglich. Gerade in solchen mit hoher Millionärsdichte ist ein Beitritt nahezu ausgeschlossen, wenn man keinen Bürgen hat.

Aber sicherlich wollen Sie als Golferin gar nicht tätig werden. Sie wollen ja nur einen Golf spielenden, weil im Regelfall reichen Mann kennen lernen. Allerdings können wir Ihnen nur wärmstens ans Herz legen, sich ein kleines Einführungsheft oder dergleichen zum Golfen zu besorgen, damit Ihr Interesse an der Sportart auch authentisch wirkt. Immerhin wollen Sie doch im Gespräch mit Ihrem Millionär glänzen, und zwar mit Fachwissen und nicht im Gesicht! Dafür müssen Sie ihn aber zunächst erst einmal auf sich aufmerksam machen.

Dafür gibt es verschiedene Möglichkeiten:

(1) Probetraining

Meist sind diese kostenlos oder bezahlbar. Termine, Bedingungen und Orte erfahren Sie bei dem Golfclub selbst. So können Sie unter Umständen Ihrem Auserwählten über den Weg laufen und ihn kokett um seine Hilfe bitten. In der Regel sind Trainer anwesend und diese sind gerade gegenüber neuen Frauen meist sehr aufgeschlossen ... Diese werden Ihnen dann sicherlich gern den einen oder anderen Menschen vorstellen, um Ihnen zu imponieren. Ein exzellentes Outfit ist natürlich ein Muss. Unter Umständen lernen Sie hier auch andere Menschen, z. B. Ehefrauen kennen, die Sie später einfach mal mitnehmen, auch wenn Sie selbst beim Probetraining gemerkt haben, dass Golf nichts für Sie ist (dass es wegen der horrenden Gebühren nichts für Sie ist, verschweigen Sie bitte).

(2) Turniere

In regelmäßigen Abständen finden Turniere der Mitglieder statt, die meist für alle zugänglich sind. Termine erfahren Sie ebenfalls bei dem Golfclub selbst. Fallen Sie bei diesen Gelegenheiten durch Ihre Weiblichkeit auf, ohne billig zu wirken. Beobachten Sie das Turnier konzentriert, ohne mit den wartenden Gattinnen über langweilige Hausfrauenthemen zu klatschen. Männer sehen hin und wieder während des Spiels zu ihren Frauen, um eine Art Bestätigung zu erhalten. Wenn Supermann dann zur Frauenversammlung schaut und Sie ihm als einziges weibliches Wesen interessiert zuschauen und nach einem gelungenen Schlag – bitte lautlos und nur sichtbar – applaudieren, während Sie ihm anerkennend in die Augen blicken, haben Sie einen echten Joker in der Hand! Fassen Sie Ihren Spieler ins Auge und himmeln Sie ihn später bewusst an: »Sie haben wundervoll gespielt. Sie waren mein persönlicher Favorit«, o.Ä. Jeder Mann steht auf solche Schmeicheleien. Machen Sie aus ihm einen kleinen Tiger Woods. Wenn ihm das eine schöne Frau sagt, ist das Balsam für seine Seele, selbst oder gerade wenn er verloren hat.

(3) Besuch

Eine weitere Möglichkeit ist die der simplen Beobachtung. Sie sind zwar kein Mitglied, aber interessieren sich halt sehr für das Golfen.

Sehr häufig spielen beispielsweise reiche Unternehmer vor Beginn ihrer Arbeit in den frühen Morgenstunden. Man kann durchaus sagen, dass diejenigen, die vormittags Golf spielen, in der Regel finanziell abgesichert und in vielen Fällen heiratsfähig sind. Aber Vorsicht: Geraten Sie nicht an einen der vielen Studenten, die sich auch recht häufig vormittags auf Golfplätzen tummeln. Aufgrund der für sie geltenden Sonderbedingungen, die oft nur einen Bruchteil der tatsächlichen Beitritts- und Mitgliedsbeiträge ausmachen, können sie sich einen Besuch auf dem Golfplatz leisten.

Treffen Sie hingegen morgens nur golfende Ehefrauen an, dann wiederholen Sie Ihre Besuche so oft, bis Sie herausgefunden haben, wann deren Männer spielen. Haben Sie Vertrauen. Mit der Zeit schulen Sie Ihren Blick fürs Wesentliche.

Die einfachste Möglichkeit des Besuchs ist natürlich die Begleitung eines Bekannten, der Golf spielt. Fragen Sie also ruhig in Ihrem Bekanntenkreis herum und erkundigen Sie sich, wer Golf spielt. Ist es ein entfernterer Bekannter, geben Sie ruhig wahrhaftiges Interesse an Golf als Grund an.

(4) Vereinshäuschen

Die Golfvereinshäuschen, die wir bislang gesehen haben, waren meist normale Lokale, zu denen auch Nichtmitglieder Zutritt haben. Also, schnappen Sie sich eine Freundin und machen Sie einen Spaziergang am Golfplatz mit anschließendem Kaffeetrinken im Vereinshäuschen. Die Chance, dort einem Millionär über den Weg zu laufen, ist nicht zu unterschätzen.

(5) Vereinigung clubfreier Golfspieler im Deutschen Golfverband

Für 220 Euro Jahresbeitrag können Sie als Mitglied in diesem Verband auf etwa 600 Golfplätzen in Deutschland und europaweit gegen eine Platzgebühr spielen (siehe auch unter www.vcg.de). Von eingefleischten Golfspielern werden diese clubfreien Spieler allerdings eher argwöhnisch begutachtet und auch häufig als Schnorrer angesehen. Zu erkennen sind übrigens »richtige« Golfclubmitglieder an einem Aufkleber am Caddy, so dass Sie recht schnell enttarnt werden. Nichtsdestotrotz sollte Sie das nicht abhalten, da Sie sämtlichen Vorurteilen mit Ihrem überwältigenden Charme, Ihrem Lächeln und Ihrem unwiderstehlichen Äußeren entgegentreten.

Dass Sie dieselben Möglichkeiten des Besuchs sämtlicher Golfplätze haben, wenn Sie rechtmäßiges Mitglied eines Golfclubs sind, brauche ich Ihnen sicherlich nicht zu sagen, allerdings sind die Aufnahme- und Mitgliedsgebühren wie bereits gesagt nicht ganz ohne.

c) Tennis

Früher (vor Boris Becker) galt Tennis als DIE elitäre Sportart schlechthin. Man traf sich vor oder nach der Arbeit im Tennisclub. Man war unter sich. Aber nach dem Boom durch Graf und Becker schossen die Tennisvereine wie Pilze aus dem Boden und so konnten selbst Krethi und Plethi von sich behaupten, »im Tennisclub zu sein«. Hier ist Ihre Aufgabe, zu selektieren, damit Sie nicht in die Bredouille geraten, von einem Gewerkschafter- oder Lehrerjohnny angesprochen zu werden. Denn das ist hinsichtlich Ihres Ziels – eines Millionärs – vergeudete Zeit!

Natürlich gibt es auch heute noch Clubs und Vereine, die elitär sind. Dummerweise sind die so elitär, dass man ohne einen Bürgen nicht hineinkommt bzw. die Beitrittsgelder ähnlich hoch sind wie bei einem Golfclub. Aber auch hier können Sie sich bei dem jeweiligen Tennisclub informieren, ob Sie sich den Club als solchen einmal anschauen dürfen bzw. ob Turniere durchgeführt werden. Dann gilt natürlich das Gleiche wie für die Golfclubs. Gehen Sie zum Angriff über!

Je teurer der Beitritt zu einem Tennisclub ist, desto höher ist die Millionärsdichte. Merken Sie sich ein für alle Mal: »*Was nichts kostet, ist nichts wert*«. Um das herauszufinden, rufen Sie entweder sämtliche Clubs an und erfragen die Eintrittsbedingungen oder Sie informieren sich über das Internet. Sollten Sie nach diesen Taten immer noch nicht sicher sein, dann kontrollieren Sie die Parkplätze des Clubs. Der mit der höchsten Luxuskarossendichte ist für Sie genau der richtige.

Im passiven Bereich bietet Tennis hervorragende Möglichkeiten, einen Millionär zu finden: Besuchen Sie große Tennisturniere wie Wimbledon in London, aber auch deutsche Turniere, beispielsweise in Hamburg und Halle in Westfalen. Achten Sie aber bitte darauf, dass nicht zwei Unbekannte spielen; für die interessieren sich Millionäre nämlich nur selten.

d) Fußball

Nein, bitte denken Sie nicht, wir wollten Sie jetzt in ein Fußballtrikot stecken und Sie zum Frauenfußballclub Kicker-Emanzen e.V. oder dergleichen schicken. Hier geht es ausschließlich um passiven Sport. Zahlreiche Männer interessieren sich nun einmal für Fußball (nicht für Frauen-Fußball!), und zwar auch viele Millionäre.

Besuchen Sie ein entscheidungsträchtiges Fußballspiel im Stadion und platzieren Sie sich erotisch-elegant gekleidet auf der VIP-Tribüne. So können sowohl die Spieler als auch millionenschwere Fußballinteressierte Sie sehen.

Auch hier gilt: Um für ein Gespräch mit dem potenziellen Millionär gewappnet zu sein, sollten Sie die Spieler kennen und die jeweiligen Erfolge des Vereins, für den Sie sich »interessieren«. Damit werden Sie hohe Aufmerksamkeit und Bewunderung erzielen, gerade als überaus attraktive Frau.

e) Fitnessstudios

Widmen wir uns wieder dem aktiven Sport. Auch wenn zahlreiche Multimillionäre einen eigenen Fitnessbereich im Haus haben, heißt dies noch lange nicht, dass sich in Fitnessstudios keine Millionäre aufhalten.

Eher im Gegenteil. In angesagten Studios halten sich viele Millionäre auf: Es handelt sich um junge Selfmademen, die in einer Stadtwohnung wohnen, Millionärssöhne, die von zu Hause und dem heimischen Fitnessstudio ausgezogen sind und ebenfalls in einer Stadtwohnung wohnen, Manager, die evtl. nur unter der Woche in der jeweiligen Stadt sind, und sonstige Millionäre, die sich gern unter ihresgleichen tummeln und dabei noch gern schönen Frauen beim Sport zusehen, aber auch Millionäre, die gar keinen Sport machen, sondern nur ihr schlechtes Gewissen beruhigen wollen.

Diese ganzen guten Partien halten sich für gewöhnlich in den frühen Morgenstunden oder am Abend in Fitnessstudios auf. Ich muss allerdings darauf hinweisen, dass sie sich nicht in irgendwelchen Fitnessstudios aufhalten, sondern in »In«-Fitnessstudios, d. h. in solchen, in denen ein monatlicher Mitgliedsbeitrag bei Normalsterblichen eine 2-Zimmer-Wohnung finanzieren könnte, zumindest in der Großstadt. In Kleinstädten mit ebenfalls nicht zu unterschätzender Millionärsdichte sind die Beiträge meist geringer. Dafür ist (Millionärs-)man(n) aber auch unter sich. Nichts ist schlimmer, als von stumpfsinnigen Muskelpaketen mit Hauptschülerfrisur umgeben zu sein, die jede Frau sabbernd angaffen, während ihnen selbst der Schweiß über die scheelen Augen rinnt. Wer möchte das schon, wenn er anders kann? Dafür muss man auch etwas tiefer in die Tasche greifen, um seinen Adoniskörper zu stählen.

Wir können nur davon abraten, hier zu sparen und ein billiges Studio zu wählen. Zum einen lernen Sie dort sicherlich keinen Millionär kennen, höchstens einen verlaufenen (geringe Chance) oder einen geizigen (wer will den schon?). Zum anderen ziehen Sie stinkende, hässliche und arme

Menschen psychisch herunter. Und das wollen Sie doch nicht. Eine Ausnahme können Sie nur dann machen, wenn Sie zunächst Ihren Körper formen wollen, da Sie sich nicht mit einem 100 Kilo Körper in ein angesagtes Fitnessstudio trauen. Das ist sinnvoll. Immerhin legen jene Millionäre, die in ein Fitnessstudio gehen, Wert auf gutes Aussehen (sonst wären sie ja selbst nicht da), und da sollten Sie tatsächlich nicht als WW (Walross-Wuchtbrumme) hingehen. Sie können sich nur lächerlich machen.

Um konkret einen Millionär in einem Fitnessstudio kennen zu lernen, sollten Sie somit Folgendes beachten:

Schauen Sie sich, bevor Sie sich konkret entscheiden, sämtliche Studios an. Vielfach werden Schnupperkurse (im schweißtreibenden Fitnessbereich bitte nicht wörtlich nehmen) angeboten. Besuche können eine gute Orientierungshilfe bieten. Aber natürlich auch »Mundpropaganda« und Internetpräsenz. Schauen Sie sich die Mitglieder an. Sind es Menschen mit Klasse oder ohne? Sehen die Frauen gut aus, d. h., haben sie Model-Charakter oder sehen sie eher aus wie toupierte Frisösen oder Fingernagelstudiobetreiberinnen? Welche Autos stehen vor dem Studio, aktuelle hochpreisige Fahrzeuge oder Proletenkutschen?

Wie ist das Ambiente des Studios? Und insbesondere: Wie hoch ist der Mitgliedsbeitrag? Je höher, desto größer die Millionärsdichte. Wie gut ist der Wellness-Bereich (Pool, Sauna, Massage und dergleichen) ausgebaut? Sie werden die Unterschiede leicht erkennen, wenn Sie erst einmal verschiedene Studios besichtigt haben.

Haben Sie nun endlich das richtige gefunden, dann geht es jetzt um die Erreichung Ihres Ziels.

Sie müssen demzufolge herausfinden, zu welcher Tageszeit sich die Millionäre für gewöhnlich in den Studios aufhalten. Das finden Sie heraus, indem Sie häufig, ruhig mehrmals am Tag, den Fitnessbereich aufsuchen. Auch hier gilt: Beobachtung ist alles! Sie werden schnell feststellen, zu welcher Zeit das Studio voll ist. Nicht weil dann die meisten Berufstätigen kommen, sondern weil dann auch die meisten schönen Frauen da sind, egal ob arbeitslos oder in der Ausbildung. Denn diese wollen auch nur das eine – wie Sie: einen Millionär. Trauen Sie also ruhig dem Instinkt Ihrer Konkurrentinnen.

Auch fürs Fitnessstudio gilt: Achtung, Hochstaplergefahr!

f) Skifahren

Skifahren bringt sehr viel Spaß, ist gut für die Figur und es ist meist entspannt, weil man diesen Sport in der Regel im Urlaub treibt.

Demzufolge sind hier die Flirtchancen sehr hoch, selbst wenn nicht auf der Piste, dann beim Après-Ski in der Nobel-Kneipe. Sie brauchen keine Bedenken zu haben, falls Sie nicht Skifahren können. Auf der Piste sehen eh fast alle gleich aus mit ihren Mondfahranzügen. Sparen Sie das Geld für einen Skilehrer und legen Sie es besser in erotischer Kleidung für Ihren Auftritt in der Szenedisco an.

Fahren Sie Ski, dann sind die Flirts in Skilifts nicht zu unterschätzen. Einer attraktiven Frau, die einen hilflosen Eindruck macht, wird gern von einem starken Mann (Millionär?) geholfen.

Wichtig ist allerdings, wohin Sie in den Winterurlaub fahren. Sie sollten tunlichst Orte meiden, zu denen massenweise (fast) mittellose Möchtegern-Skifahrer (wie Studenten und Arbeiter) mit Billig-Bussen hinkutschiert werden. Diese wollen meist dorthin, weil sie häufig tatsächlich nur am Sport interessiert sind oder/und weil sie für die teureren Orte kein Geld haben. Was also wollen Sie da? Eben!

Demzufolge sollten Sie lieber auf Luxus-Orte wie St. Moritz, Kitzbühel, Davos, Aspen etc. Ihr Augenmerk legen. Sicher, der Aufenthalt ist teuer [glauben Sie uns, dies ist alles relativ, in der Zukunft können Sie über diese Gedanken nur noch müde mit der (künstlichen) Wimper zucken!]. Aber dort sind die Chancen, einen reichen Mann zu finden, sehr hoch. Lassen Sie sich nicht von den in Chanel eingehüllten Konkurrentinnen entmutigen, stellen Sie sich vor, dass diese auch einmal klein angefangen haben. Nehmen Sie deren Anwesenheit lieber als Ansporn!

Nun werden Sie sich – berechtigt – die Frage stellen, wie Sie so einen Urlaub denn überhaupt finanzieren sollen! Fakt ist, dass in teuren Orten nahezu alles teuer ist: das Essen, die Disco, der Skipass, die Unterkunft etc. Inklusive Anreise und einem Aufenthalt für 3 Tage, das reicht meistens, sollten Sie als Minimum 1000 Euro einrichten. In die Höhe sind keine Grenzen gesetzt. Allerdings sollten Sie beachten, dass Sie, statt in dem Super-Luxus-Hotel selbst, auch mit Freunden in einem Appartement vielleicht etwas außerhalb des Ortes nächtigen können. Das senkt die Kosten ungemein, auch können Sie die Kosten sparen, indem Sie sich für die Zeit, bis Sie einen spendablen Millionär gefunden haben, einfach auf Diät setzen und in Restaurants nur eine Suppe und ein Wasser zu sich nehmen. Sie sehen, es ist alles nur eine Frage der inneren Einstellung. Geben Sie das Geld, das Sie sonst »verspeist« hätten, lieber für Eintrittskarten der angesagten Nobel-Disco aus. Dort ist der Flirtfaktor wesentlich höher als in einem Restaurant. Außerdem sind Sie nicht in dem Ort, um zu essen, sondern um einen Millionär kennen zu lernen. Hilfreich ist auch ein abendlicher Cocktail an der Bar eines Top-Hotels! Zwar teuer, aber schon fast ein Flirtgarant mit tatsächlichen Hotelbewohnern. Als Ausrede dafür, dass Sie nicht in dem Hotel selbst übernachten, können Sie angeben, Sie wohnten in der Wohnung eines schwulen Freundes, der gerade »ungestört« sein will – mit einem frivolen Lächeln auf den sexy Lippen. So bringen Sie zum Ausdruck, dass Sie reiche Bekannte haben (auch wenn Sie den tatsächlichen Vermieter nicht kennen) und somit entweder selbst reich sind oder das gewisse Etwas haben müssen, dass Sie noch zu haben sind, da Ihr Freund offensichtlich nicht an Ihnen interessiert ist, und dass Sie offen für alles sind, da Sie keine Probleme haben, über Themen wie Sex etc. zu sprechen.

Falls Sie sich nicht sicher sind, ob zu dem von Ihnen gewählten Zeitraum tatsächlich zahlreiche Millionäre anwesend sind, können Sie sich vorher sowohl entweder bei dem

Fremdenverkehrsbüro des jeweiligen Ortes informieren als auch aus den Zeitschriften wie Gala und Bunte, wann etwas Besonderes in dem Ort angesagt ist. Recherchieren Sie!

g) Segeln bzw. Wassersport

Bei dem Gedanken an Segeln und Wassersport kommen einem sofort Orte wie St. Tropez, Monte Carlo, Mallorca und diverse andere südliche Orte in den Kopf und das nicht ohne Grund. Allerdings gibt es auch in Deutschland den einen oder anderen Segelclub, der verheißungsvolle Euro-Prinzen in sich birgt. Was tun?

Informieren Sie sich in Ihrem Bekanntenkreis, ob der/die eine oder andere Kontakt zu derartigen heimischen Segelclubs hat. Falls ja, bitten Sie die Person, Sie einmal mitzunehmen, da Sie großes Interesse am Segeln hätten. Dann schauen Sie sich dort um bzw. informieren sich bei Ihrem Bekannten nach den übrigen Mitgliedern.

Falls Sie keinen segelnden Bekannten haben, recherchieren Sie auf eigene Faust.

Dabei ist zu bedenken, dass es zahlreiche Segelclubs in Deutschland gibt und dass in dem Großteil eher wohlhabende Menschen Mitglied sind. Dies hängt aber in erster Linie von der Größe der Stadt ab. Selbst Städte ohne segelfähiges Gewässer verfügen meist über mindestens einen Segelclub, in dem sich Teile der Creme de la Creme tummeln und diese quasi kollektiv zum nächsten segelfähigen Gewässer fahren. Hierbei ist aber darauf hinzuweisen, dass die Klasse des Clubs und damit dessen Mitglieder zum Großteil von der Einwohnerzahl der Stadt abhängt. Im Segelclub einer Kleinstadt können Sie auch Pech haben und nur (segelnden) Provinzeiern ohne jedes Svoir-vivre begegnen! Segelclubs in Berlin, Hamburg und München sind da schon viel interessanter und ein gewisses »Monaco-Feeling« werden Sie dort eher zu spüren bekommen als in einem Segelclub »zum abgebrochenen Mast e.V.« in Kleinkleckersdorf.

Sofern Sie auch am Segeln Interesse haben, nachdem Sie

festgestellt haben, dass Sie nicht seekrank werden, müssen Sie den entsprechenden Club suchen. In die Recherche sollten Sie durchaus etwas Zeit investieren, immerhin können Sie sich dadurch den guten Partien vor Ort nähern.

Mitglied in einem derartigen Club zu werden ist sehr schwer und extrem kostspielig für Normalverdiener. Die Mitgliedschaft braucht für Sie auch nicht oberstes Ziel zu sein, es reicht, wenn Sie wissen, wer sich wann wo aufhält.

Erkundigen Sie sich über Fachzeitschriften, Internet (passende Schlüsselwörter in die Suchmaschine eingeben wie »Segelclub« in Verbindung mit der passenden Stadt) oder über Segelregatten, bei denen die wichtigsten Clubs ebenfalls vertreten sind. Sie können sich aber auch über Bootsmessen informieren oder über die gelben Seiten.

Übrigens: Was vor Ort gilt, gilt erst recht international! Besuchen Sie Yachthäfen europa- und weltweit, insbesondere am Mittelmeer, neben der schon erwähnten Côte d´Azur auch Marbella, Mallorca, die kroatische Adriaküste und die Ionischen Inseln. Lassen Sie bei Ihrer Recherche keinesfalls internationaleWettbewerbe aus, gerade Veranstaltungen wie der America's Cup sind häufig Tummelplätze der High Society – da dürfen Sie nicht fehlen.

Wenn Sie dann wissen, wer sich an welchem Yachthafen aufhält, werden Sie schnell herausfinden, wer sich um welche Uhrzeit dort aufhält (insbesondere am Wochenende). Dann flanieren Sie wie durch Zufall mit einer Freundin am Yachthafen auf und ab (bei gutem Wetter versteht sich), in einem sexy Outfit und Stöckelschuhen. Verbreiten Sie vor allem gute Laune. Die Wahrscheinlichkeit, dass Sie angesprochen werden, ist recht hoch, schon allein durch Ihre hohen Schuhe, die hier quasi verpönt sind (denken Sie an das kostbare Holz auf dem Boot ...). Lassen Sie sich lustige und auch schlagfertige Antworten vorher einfallen auf sämtliche potenziell gestellten Ansprechmöglichkeiten. Als Beispiel auf die Frage, wo Sie denn mit den hohen Schuhen hinwollen, können Sie etwas schlüpfrig kokett antworten, er solle sich keine Sorgen machen, Sie würden sie früh genug ausziehen ... Ihre Schuhe natürlich, Monsieur, wo denken Sie denn hin?

Falls wider Erwarten niemand etwas sagt, lassen Sie sich etwas einfallen, auch spontan zu dem Namen des Bootes. Sie können auch fragen, ob das alle Boote seien, da Sie einen dunkelhaarigen Herrn (je nach Aussehen des Mannes, mit dem Sie sich gerade unterhalten) abholen sollten auf ein Blind Date hin. Er würde auf die Beschreibung passen. Wenn Sie dabei noch herzerfrischend lächeln, wird er Ihnen gewiss nicht widerstehen können.

Aber auch hier gilt: Lassen Sie Ihrer Phantasie freien Lauf, solange Sie nicht billig und geschmacklos werden. Seien Sie kreativ, immerhin wollen Sie sich doch das Boot auch einmal von innen ansehen.

h) Pferdesport

Pferdesport ist vielfältig. Dazu gehören zum einen der eigene Pferdesport wie Geländereiten, aber auch professioneller Sport wie Dressur, Springreiten, Military, Pferderennen sowie Trabrennen.

Der eigene Pferdesport ist nicht sonderlich millionärsträchtig. Zwar gibt es zahlreiche Reitvereine, in denen sich viel Geld tummelt, aber da sind in erster Linie junge Millionärstöchterchen, die reiten lernen wollen, und von denen wollen Sie nun wahrlich nichts. Selbst eine bloße Freundschaft ist mit diesen verzogenen Pferdenärrinnen kaum möglich. In ihrer verwöhnten Art lassen sie so den einen oder anderen dämlichen Spruch ab wie z. B. »Finger weg, das ist mein Pferd« oder ähnliche geistige Entgleisungen. Männliche Zeitgenossen, die sich in Reitvereinen aufhalten, sind oft eher an gleichgeschlechtlichen Beziehungen interessiert ...

Es gibt zahlreiche gute männliche Partien, die reiten können und die nicht schwul sind. Als gutes Beispiel dienen da männliche Mitglieder des europäischen Hochadels, aber auch des »Industriellen-Adels«. Gelernt haben derartige Reiter aber nicht auf einem Reiterhof, sondern auf dem eigenen Gestüt. Nichtsdestotrotz kann es nicht schaden, selbst reiten zu können, damit Sie mit Ihrem Zukünftigen ausgedehnte Reitausflüge unternehmen können. Reiter haben im Regelfall eine Vorliebe für Gleichgesinnte.

Allerdings ist es wahrscheinlicher, einen Millionär kennen zu lernen, wenn man die gemeinsame Passion für Pferde auf einem Wettkampf entdeckt. In Betracht kommen hier weder Dressur- noch Springturniere, auch keine Militaryveranstaltungen, sondern – wen wundert es? – Poloturniere und Pferderennen. Es gibt regelmäßig deutschland- und europaweit große Pferderennen mit hohem Publikumsinteresse. Beispielsweise das große Derby von Hamburg und das jährliche Rennen von Baden-Baden. Neben viel Prominenz sind dort auch die erfolgreichsten Ställe mit ihren Besitzern vertreten.

Achten Sie auf eine Kleidung, mit der Sie sich von den anderen abheben. Ein figurbetontes Kostüm mit schönem Dekolleté kann dabei nicht schaden. Die meisten Frauen dort laufen in grellen Farben herum, Pink, Rot und Orange sind da keine Seltenheit, ebenso gewagt sind häufig deren Hutkreationen. Entscheiden Sie, ob Sie sich ebenso kleiden oder lieber mit etwas Schlichtem auffallen wollen (aber Busen oder Bein zeigen ist o.k.!). Beachten Sie als Tribünengast bitte noch eins: Die Tribünen bestehen zumeist aus schmalen Holz- oder Kunststoffbänken. Schaut man von unten auf die Tribüne hoch, blickt man unweigerlich auf die Beine der Frauen, und zwar aus der Froschperspektive. Nicht, dass man die Unterwäsche oder dergleichen sieht (da sitzt Frau ja drauf). Allerdings ist mir persönlich aufgefallen, dass sämtliche Frauen, die kurze Röcke trugen, unschöne Dellen an ihren Oberschenkeln hatten, sprich Cellulitis, und zwar unabhängig von deren Figur! Tragen Sie also einen kurzen Rock, dann achten Sie bitte auf eine fest sitzende Strumpfhose (natürlich eine solche, die nicht nach Apotheke oder Orthopädie aussieht!).

Nutzen Sie dieses wundervolle sommerliche Event, meist ist an den Tagen herrliches Wetter. Es hebt Ihre Stimmung und Millionäre werden Sie umschwirren wie Fliegen den Pferdeapfel!

i) Motorsport

Nürburgring, Hockenheimring, Imola, Mille Miglia ... Die Kette der Veranstaltungsorte kennt beinahe kein Ende. Gute Partien laufen bei den Motorrennen zu Hauf herum, nicht dass damit nur die Rennfahrer gemeint sind, die häufig noch Singles sind (selbst wenn nicht, sollte Ihnen das auch egal sein), nein, auch die Zuschauer. Haben Sie das Potenzial eines Boxenluders, sollten Sie sich ruhig zu den Fahrern (bzw. dem Sicherheitspersonal) verlaufen und sich dumm stellen: »Ooooops, der David hat mir versprochen, dass ich zu ihm kann ...«. Begegnet er Ihnen dann tatsächlich, erzählen Sie ihm von seinen Versprechungen, die er Ihnen beim Rennen letzten Jahres gesagt hat. Erzählen Sie ihm, wie betrunken er war, etc. Lassen Sie sich etwas einfallen, erkundigen Sie sich aber, dass es vor einem Jahr tatsächlich die Party gab und dass ER auch überhaupt da war (Fan-Seiten im Internet, Klatschzeitschriften, Veranstaltungsleitung etc.).

Da soll ER mal einer hilflosen Blondine widerstehen, gerade bei DEN Vorzügen (ein ausgeprägter Vorbau dient hier übrigens als Eintrittskarte!). Leider ist es tatsächlich nicht gerade einfach, sich Zutritt zu den streng bewachten und stark abgeschirmten Boxen zu verschaffen. Mit etwas Glück lädt der eine oder andere Motorsportfreund Sie abends auf eine der legendären Partys ein, was wundervoll ist, da Sie dort die Auswahl unter mehreren Zuckerschnittchen haben!

Auf der VIP-Tribüne können Sie erfahren, wo am Abend die große Party stattfindet. Spätestens dort haben Sie die Möglichkeit, Ihren Auserwählten näher kennen zu lernen.

j) Box-Sport

Ja, mit dem Boxen ist das so eine Sache. Entweder man mag es oder man mag es nicht. Zwar erfreut sich das Boxen dank Maske, Schulz, Klitschko u. a. stetig wachsender Beliebtheit und die Wahrscheinlichkeit, einen Millionär kennen zu lernen (wenn nicht gar Milliardär), ist sicherlich nicht ganz gering. Allerdings ist uns aufgefallen, dass die Personen im Publikum eher etwas halbseiden wirken. Uns persönlich hat dies nie angesprochen, auch wenn Kashoggi und Co sich wichtige Kämpfe nicht entgehen lassen.

Natürlich ist dieser Eindruck rein subjektiv und letztlich liegt die Entscheidung, hier auf Millionärsfang zu gehen, ganz bei Ihnen. Hierfür können wir Ihnen nur empfehlen, sich aufreizend zu kleiden und auch auffällig zu schminken, da Box-Liebhaber auf eindeutige Signale reagieren. Sie sollten auf keinen Fall zu intellektuell wirken. Übrigens: Frauen, die sich aus freien Stücken fürs Boxen interessieren, wirken auf die ebenfalls am Boxen interessierten Millionäre extrem sexy.

3. Freizeit

Kommen wir nun zu den »unsportlichen« Freizeitbeschäftigungen.

a) Spaziergänge

Spaziergänge sind eine hervorragende Art der Entspannung und eignen sich auch wunderbar dazu, einfach mal verschiedene Gegenden so »en passant« zu erkunden.

Um einen Millionär kennen zu lernen, sollte man sich schon einmal in sog. Reichengegenden auskennen. Wen wundert es, dass es sich hierbei um Gegenden handelt, in denen es viel Grün gibt? Millionäre lassen sich ja nicht lumpen.

Nun wollen Sie ja dort nicht nur aus Erholungsgründen spazieren gehen, nein Sie wollen denjenigen kennen lernen, bei dem Sie demnächst einziehen können, damit Sie in Zukunft die Spaziergänger von Ihrem Garten aus beobachten können.

Im Garten selbst werden Sie ihn wahrscheinlich nicht erspähen, da Sie ein Sichtschutz daran hindern wird. Sollten Sie dennoch jemanden erblicken, wird es sich mit hoher Wahrscheinlichkeit um einen Gärtner oder Einbrecher handeln.

Eine Vielzahl der Grundstückseigentümer haben mindestens einen Hund – und genau da können Sie ansetzen. Leihen Sie sich für Ihren Spaziergang einen Hund aus, falls nicht schon vorhanden. Am besten eignet sich dafür ein kleinerer flauschiger Hund oder ein ausgesprochen schöner Rassehund. Die meisten Wachhunde schlagen in der Regel sofort an, wenn ein anderer Hund auch nur in der Nähe ist. Fragen Sie sich dann lautstark(!), ob die Hunde auch nicht über den Zaun springen können, und kommen Sie so mit dem Herrchen ins Gespräch. Wollen sich die Hunde nur beschnuppern, umso besser.

Auf diese Art und Weise können Sie auch während des gesamten Spaziergangs mit anderen Millionären in Kontakt treten. Immerhin führen zahlreiche Anwohner ihre Hunde selbst aus (meist morgens oder abends), da es die wenigsten Hauseigentümer besonders schätzen, wenn ihre vierbeinigen Freunde den eigenen englischen Rasen als Hundetoilette missbrauchen.

Es ist nun einmal Fakt, dass Hundehalter miteinander ins Gespräch kommen, insbesondere dann, wenn sie einen teuren Rassehund ausführen.

Für Ihren Spaziergang sollten Sie sich (Ihrem zukünftigen Stand entsprechend) kleiden. Ihre Garderobe sollte sexy, aber nicht zu aufgesetzt wirken. Tragen Sie ruhig figurbetont-sportlich und schminken Sie sich. Sie sollten durchaus eine auffällige Erscheinung (im positiven Sinn) sein. Ziehen Sie ruhig höhere Schuhe an, Sie brauchen sich ja nicht tatsächlich einen Marathonspaziergang vorzunehmen. Auch ein schönes Dekolleté (beispielsweise eine versehentlich zu offene weiße Bluse unter der figurbetonenden Jacke) ist nicht zu verachten.

Sie werden sehen, ein gepflegtes und ansprechendes Äußeres, ein (notfalls geliehener) Hund und gutes Wetter zur rechten Zeit am rechten Ort wirken wie ein Aphrodisiakum.

b) Kulturelle Events

Veranstaltungen, die mit Kunst verbunden sind, stellen – egal in welcher Form – eine wunderbare Gelegenheit dar, den Markt der Millionäre abzuchecken.

Vernissage-Eröffnungen, Theaterpremieren, Opernpremieren, Happenings etc. sind für viele Wohlhabende ein willkommener Anlass, sich mit ihresgleichen auf gesellschaftlichem Parkett zu bewegen. Wir haben die Erfahrung gemacht, dass Personen aus eher schlichten Verhältnissen mit Kunst meist nicht allzu viel anfangen können und das heimische Fernsehprogramm einer Kunstausstellung vorziehen.

Das heißt aber nicht, dass sich bei Vernissagen nur alteingesessene Millionäre befinden, auch »Neureiche« sind dort häufig anzutreffen, die durch ein bekundetes Interesse an Kunst »dazugehören« möchten.

Sie möchten wissen, wie Sie herausfinden können, wann und wo welche Eröffnung bzw. Premiere stattfindet? Dafür gibt es verschiedene Möglichkeiten. Die zuverlässigste Form ist der Eintritt in den heimischen Kunst- und Kulturverein (gibt es in jeder größeren Stadt). Diese Mitgliedschaft ist meist recht günstig, Sie werden regelmäßig eingeladen und outen sich durch den Mitgliedsausweis als kunstinteressiert. Ganz nebenbei haben Sie auch noch zahlreiche Vergünstigungen, was den Eintritt in verschiedene Museen angeht.

Es gibt auch Musik- und Theatervereine, in denen Sie Mitglied werden können. Kostengünstiger und ebenso effektiv sind natürlich auch Programme der ortsansässigen städtischen Kulturämter, auch heimische Szenezeitschriften und der Feuilleton-Teil der Tageszeitung geben genügend Informationen zu dem kulturellen Leben in der Stadt.

Letztlich sollten Sie auch in überregionalen Zeitungen den Feuilleton-Teil lesen, da auch in anderen Städten (meist in Großstädten) interessante Ausstellungen und Aufführungen laufen, für die es sich anzureisen lohnt. Im Übrigen haben Sie nach regelmäßiger Lektüre des Feuilletons ausreichend Gesprächsstoff für eine Unterhaltung mit den Millionären.

Kleiden Sie sich edel, ruhig etwas ausgefallen, aber auch sexy – nicht billig.

Die hier weilenden Millionäre wirken meist eher unauffällig, man erkennt sie an den hochwertigen Schuhen und edlen Accessoires.

c) Szenelokale

Unter Szenelokalen verstehen wir sowohl Cafés als auch Restaurants, Discotheken und Bars.

Natürlich sind hier nicht x-beliebige Lokale gemeint, sondern jene, die von dem Großteil der »Szene« heimgesucht werden, also von den sog. »Rich and famous«, und leider auch recht häufig von denen, die es nur werden wollen (damit sind natürlich nicht Sie gemeint, sondern in erster Linie die männlichen Vertreter der schäbigen Sparte plumpe Hochstapler).

Wo die jeweils angesagten Läden sind, erfahren Sie am besten durch Eigendiagnose, indem Sie vor Ort verschiedene Läden an Hand der Kriterien *Aussehen der Frauen, Vorhandensein eines oder mehrerer Türsteher(s), parkende Fahrzeuge, Musik, Eintrittspreise (teuer), Getränke- und Speisepreise (teuer)* etc. checken.

Eine Schar gut gekleideter, wartender Gäste vor der Tür, tolle, modelgleiche Frauen in stylisher Garderobe, exquisit gekleidete Türsteher mit strengem Selektivverhalten, Nobelkarossen auf dem Parkplatz und überteuerte Getränke und Speisen weisen auf einen Millionärsschuppen hin.

Ein Blick in die Klatschspalten der heimischen Stadtmagazine, aber auch der Tageszeitung können Aufschluss darüber geben, wo etwas läuft. Aber auch die Bar eines noblen Hotels gehört zu den Bereichen, in denen sich zahlreiche wohlhabende Menschen tummeln.

Nicht zu verachten sind die Informationen der attraktiven Verkäuferinnen in Edel-Boutiquen der Stadt. Handelt es sich nicht gerade um die 80-jährige Geschäftseigentümerin, sind die meisten (jüngeren) Verkäuferinnen auf dem Laufenden, wer sich wo in der Stadt tummelt und wo die große Party angesagt ist. Auch das Servicepersonal in Tophotels ist für gewöhnlich bestens über die Topläden informiert.

Handelt es sich um eine Großstadt oder einen angesagten Urlaubsort, haben Sie es meist noch einfacher. Schauen Sie in die überregionalen Klatschblätter, wie zum Beispiel Bunte und Gala; dort wird regelmäßig über Abende in dementsprechenden Lokalitäten berichtet.

Auf Hinweise in Stadtführern etc. sollten Sie sich nicht verlassen. Das ist dann meist ein sicheres Zeichen dafür, dass der Laden längste Zeit ein »Szeneladen« war. Ist das Gefühl eines Geheimtipps oder zumindest eines Ladens, in den nicht jeder hereinkommt, dahin, flüchten auch schnell die Reichen und Schönen, die ja bekanntermaßen unter sich sein wollen. Es gibt für diese nichts Schlimmeres, als zu einem touristischen Anziehungspunkt von Krethi und Plethi zu mutieren, die plötzlich das Gefühl überkommt, auch dazugehören zu wollen, und wenn auch nur für einen Moment.

Um diesem unangenehmen Effekt eines Szeneladens entgegenzuwirken, haben diese Lokale meist einen strengen Türsteher. Aber machen Sie sich keine Sorgen. Frauen haben so gut wie nie Probleme, derartige Etablissements zu betreten. Sie dürfen nur nicht zu billig aussehen und auch nicht zu zaghaft auftreten. Stellen Sie sich einfach vor, Sie gehörten schon seit frühester Jugend zu diesem erlauchten Kreis, stolzieren Sie unbeeindruckt an den Türstehern vorbei. Lassen Sie dabei unbedingt Ihre Designeraccessoires aufblitzen!

Bitte bedenken Sie auch, dass es sich in diesen Lokalen, seien es Restaurants, Diskotheken, Clubs oder Cafés, durchaus lohnen kann, zu arbeiten. Kellnerinnen, Bardamen etc. werden häufig gesucht und bei einem ansprechenden Äußeren wird man Sie gewiss nicht abweisen. Dies gilt insbesondere, wenn Sie zwischen 18 und 29 sind.

Also, fassen Sie sich ein Herz und bewerben Sie sich bei dem jeweiligen Lokal, fragen Sie eventuell vorab selbst beim Personal nach dem konkreten Ansprechpartner.

(1) Discotheken

Wenn sich vor einer Discothek eine lange Schlange Wartender befindet, raten wir Ihnen, wie selbstverständlich daran vorbei und direkt auf die Tür zuzugehen. Auch wenn viele Türsteher empfindlich drauf reagieren, klopfen Sie ruhig an die Tür. Das macht einen professionellen Eindruck.

Sollte es sich um eine stählerne Tür handeln, die Sie tatsächlich nicht hereinlässt, dann gehen Sie bloß wieder! Stellen Sie sich nicht zu den renitenten Dorftrotteln in die Schlange. Das ist für Ihr Image tödlich. Versuchen Sie es dann lieber das nächste Mal zu einem früheren Tageszeitpunkt. Und sehen Sie zu, den Türsteher in ein Gespräch zu verwickeln, flirten Sie mit ihm, was das Zeug hält. Handelt es sich um eine Frau, machen Sie ihr Komplimente. Lassen Sie sich etwas einfallen. Sehen Sie zu, dass er bzw. sie Sie positiv in Erinnerung behält. Dann haben Sie das nächste Mal sowieso keine Probleme, in die Disco zu gelangen, mag es auch noch so voll sein.

In Großstädten wie z. B. Hamburg gibt es auch noch eine andere kostengünstige Möglichkeit, in die entsprechenden Lokale zu gelangen, sofern Sie zwischen 18 und 29 Jahre alt sind. Häufig sind sämtliche angesagten Discotheken in der Hand eines sogenannten »Partykönigs«. Informieren Sie sich in den entsprechenden Lokalen nach dem Betreiber und bewerben Sie sich einfach mit einigen guten Fotos von Ihnen. Mit etwas Glück erhalten Sie eine Clubkarte und/oder werden regelmäßig zu entsprechenden Partys eingeladen. Sollte Ihnen diese Methode nicht geheuer sein, dann können Sie auch in dem Club selbst nachfragen, beispielsweise bei anderen Gästen, die Sie regelmäßig sehen, und mit etwas Glück werden Sie vielleicht auch von selbst vom Betreiber oder vom Personal angesprochen.

Für den jeweiligen Abend sollten Sie sich ruhig stark schminken, ziehen Sie sich aufreizend an und strahlen Sie gute Laune, Lebensfreude aus. Dies geht am besten, wenn Sie viel lachen (notfalls trinken Sie einen Cocktail zum Anheitern), und tanzen Sie. Dies ist gut für Ihre Figur und damit zeigen Sie auch, dass Sie im Bett vielversprechend sind.

Üben Sie rhythmische Bewegungen vor dem Spiegel und nehmen Sie sich ein Beispiel an Musikstars in ihren Videos.

Tragen Sie Ihre Haare offen, wackeln Sie mit Ihren Brüsten und kreisen Sie die Hüften. Das turnt jeden Mann an. Wenn Sie es so schaffen, auf sich aufmerksam zu machen, dann kommt der VIP garantiert auch von seinem Platz auf die Tanzfläche, um Sie kennen zu lernen. Übrigens: Wenn Sie aus der Presse oder von anderen erfahren haben, welcher Promi oder sonstige Millionär sich häufig in den entsprechenden Etablissements aufhält, und Sie auch wissen, auf welche eindeutigen Signale er reagiert (Haarfarbe, Kleidung, Benehmen etc.), dann erfüllen Sie diese Signale! Färben Sie sich die Haare, gehen Sie ins Solarium, was auch immer. Denken Sie an einen Job und dessen Stellenprofil. Sie wollen doch, dass er Sie will!

(2) Sonstige Lokale

Studieren Sie die Presse und Ihre Klatschmagazine. In jeder größeren Stadt gibt es Szenerestaurants, in denen sich Künstler und Schauspieler treffen. Dort sind naturgegeben viele Reiche. Reservieren Sie einen Tisch in solch einem bekannten Lokal und geben Sie alles!

Viele reiche, ehemalige Studenten treffen sich regelmäßig in gediegenen Kneipen und Bars, um einen Stammtisch abzuhalten. Finden Sie heraus, ob das für die Ihnen bekannten Kneipen zutrifft, und erscheinen Sie dort, wenn die Herrenrunde tagt. Auch renommierte Fußballvereine treffen sich regelmäßig mit den für Sie sehr interessanten Sponsoren in angesagten Lokalen. Meist sind dies ebenfalls Sponsorengaststätten. Diese können Sie bei einem Besuch des Fußballspiels schnell herausfinden, denn vor dem Spiel werden sämtliche Sponsoren genannt. Diese Gaststätte suchen Sie immer wieder auf, bis Sie herausgefunden haben, wann die begehrten Männer dort sitzen. Vorteil solcher Herrenrunden ist, dass Sie als einzige anwesende hübsche Lady ohne viel Mühe auffallen. Herren, die alleine unterwegs sind und Bier trinken, sind in extremer Flirtlaune, die Sie ausnutzen sollten!

d) Private Partys und Bälle

Natürlich eignen sich private Partys und auch Bälle am besten, um mit dem anvisierten Mann ins Gespräch zu kommen. Zum einen haben Sie auf jeden Fall schon einmal eine Gemeinsamkeit, nämlich die gemeinsame Freundin oder Freund, die/der Sie eingeladen hat. Zum anderen können Sie den Gastgeber fragen, ob er/sie Sie nicht dem tollen Mann vorstellen kann. Zu guter Letzt kann Ihnen der Gastgeber sicherlich auch einige Informationen zum finanziellen und intellektuellen Background der betreffenden Person geben, so dass Sie sich schon auf etwaige Gesprächsthemen einstellen können.

Lady Di und Prince Charles haben sich so kennen gelernt, ebenso auch Maxima und Prins Pilsje.

Es gibt Wege und Möglichkeiten, die begehrten Einladungen für die »super-rich-and-super-famous«-Events zu ergattern. Besuchen Sie häufig oben genannte Veranstaltungen und Lokalitäten, sollten Sie demzufolge nicht nur ein Auge auf die Männer werfen, sondern auch zusehen, mit den Frauen ein freundschaftliches Verhältnis aufzubauen. Sie werden schnell einen Blick dafür haben, wer aufgeschlossen und lustig ist. Da ist die Kontaktaufnahme nicht sonderlich schwierig. Machen Sie der Frau Komplimente (tolle Haare, super Outfit, klasse Figur). Denken Sie dabei an sich. Was Sie gerne hören, wird Ihre Geschlechtsgenossin sicherlich auch gerne hören. Haben Sie erst einmal Kontakt zu einer Szene-Braut, können Sie nur gewinnen: Sie werden auf die passenden Partys und auch Bälle eingeladen, Sie lernen sämtliche Männer wie im Flug kennen, und wer weiß, vielleicht hat die neue Szenefreundin auch einen tollen Bruder.

Sich mit den gleichen Ambitionen in Schwulenkreisen zu bewegen (mit der Hoffnung, auf tolle Partys und Bälle zu kommen), können wir Ihnen nicht raten. Schwule bleiben gern unter sich und ziehen typische Schwulenpartys »normalen« Partys vor. Natürlich können Sie auch versuchen, sich auf die Party zu schmuggeln, indem Sie sich als Frau Schulze o. Ä. ausgeben oder sagen, der Gastgeber hätte Sie ausdrücklich eingeladen. Sie können auch versuchen, einen Namen auf der Gästeliste abzulesen, indem Sie erst einen Namen nennen und – während der Türsteher nach dem Namen sucht – einen abgelesenen Namen nehmen und einfach sagen: »Versuchen Sie es mal mit meinem Mädchennamen.«. Allerdings müssen Sie da hart im Nehmen sein. Für den Fall, dass Ihre Strategie nicht aufgeht, könnte es ein ziemlicher Reinfall und eine hochpeinliche Situation sein, wenn Sie an der Schlange der tatsächlich geladenen Gäste vorbeistiefeln müssen. Daher mein Tipp: Ersparen Sie sich die hämischen Gesichter der Frauen, die Sie schadenfreudig von oben bis unter mustern, und sehen Sie zu, auf der Gästeliste zu stehen. Das schaffen Sie, wenn Sie eine unterhaltsame und attraktive und erotische Szenegängerin sind und sich die passenden Leute (Türöffner) aus dem Publikum der Lokalitäten als Freunde und Freundinnen ausgesucht haben. Hier erweisen sich übrigens die kleinen Blutsauger der echten Millionäre, der eingangs erwähnte Narrenhofstaat ohne Geld (vgl. S. 17/18), als überaus nützlich. Oft genug kennen sie nämlich den Veranstalter von Promipartys recht gut, da sie einen hohen Unterhaltungswert und Zutritt zu solchen Events haben. Suchen Sie sich also zunächst einen halbwegs akzeptablen Schmarotzer aus, falls Sie an den Millionär selbst nicht herankommen, und seien Sie nett und höflich zu ihm, um Ihre Chance auf einen Eintrag in die Gästeliste zu erhöhen.

e) Parteien oder parteiische Vereinigungen (keine Gewerkschaften!)

Parteien bieten immer wieder einen interessanten Mix verschiedenster Menschen. Oft handelt es sich dabei um Personen, die in ihrer Freizeit Verantwortung übernehmen, auch häufig solche, die einer Karriere auf politischer Ebene durchaus nicht abgeneigt sind.

Natürlich trifft man dort auch Menschen, die in ihrer Freizeit das unbesiegbare Gefühl der Besserwisserei ausleben müssen.

Allerdings halten sich in Parteien auch häufig Unternehmer samt Söhnen und Ehefrauen auf. Bei den männlichen Millionären handelt es sich meist um Personen, die sehr stark an Politik interessiert sind und mit ihrer Mitgliedschaft aktiv das politische Leben mitgestalten wollen. Letztlich nutzen sie die Gemeinschaft, wie alle übrigen Mitglieder, zur Kontaktknüpfung, -pflege, aber auch als (weiterbildende) Freizeitbeschäftigung.

Bei den Millionärsgattinnen handelt es sich häufig um Repräsentantinnen ihrer Ehemänner und um Ehefrauen, die die Politik einfach als Möglichkeit der Beschäftigung nutzen. Lassen Sie sich von denen nicht abschrecken, im Gegenteil, suchen Sie deren Nähe! So können Sie am besten herausfinden, was Sie tun müssen, um ihrem Ehemann oder einem Mann dessen Schlags zu gefallen. Die wenigsten Unternehmer sind nur einmal verheiratet. Warum sollten ausgerechnet Sie nicht die Nächste sein?

Finden Sie heraus, welche Partei Ihren Ideen am ehesten entspricht, schauen Sie sich auch die Mitglieder an. Fragen Sie sich durch. Über interessante Namen wird Ihnen gern Auskunft gegeben, weil dies meist die »Ehrenkönige« der Partei sind. Auch wenn zunächst wenig dafür spricht, dass in gewerkschaftsnahen Parteien viele Millionäre Mitglied sind, so sollten Sie das vor Ort tatsächlich überprüfen. Viele Millionäre stammen aus konservativen Familien. Selbst durch erst später eingetretenen Reichtum ändern viele nicht die ihnen anerzogene politische Haltung. Das sollten Sie aber tatsächlich in den Ortsverbänden der einzelnen Parteien Ihrer Stadt überprüfen. Bekunden Sie bei den einzelnen politischen Gruppierungen Interesse an einer Mitgliedschaft; Sie werden sicherlich sofort zu einer Veranstaltung eingeladen. So haben Sie genügend Möglichkeiten, den Markt abzuchecken.

Es schadet im Übrigen nicht, wenn Sie sich tatsächlich mit den Programmen der Parteien auseinander setzen. Immerhin sollten Sie mitreden können, wenn es zu Gesprächen bei den einzelnen Veranstaltungen kommt.

Es sind schon viele parteiinterne Ehen zustande gekommen. Meist sind dies arbeitsame Personen, die ihre Freizeit in der Politik verbringen. Wo sollten diese ansonsten Frauen kennen lernen?

f) Urlaub

Urlaub – wem wird da nicht gleich warm ums Herz? Man ist gut gelaunt, offen für alles Neue, man vergisst den Alltag, will neue Menschen kennen lernen und ist gelegentlichen Flirts nicht abgeneigt.

Aber natürlich ist nicht jeder Urlaub gleich Urlaub. Es gibt Urlaube zum Entspannen, Stadturlaube (auch Kurztrips), Abenteuerurlaube und, und, und. Allerdings haben alle eine Gemeinsamkeit: Sie sind teuer. Pauschalreisen, in denen Sie mit Kegelclubs oder Studenten im Bus fahren und bei denen Sie beten müssen, heil anzukommen, sind nichts für Millionäre. Aber damit sagen wir Ihnen gewiss nichts Neues. Luxusurlaube sind durchaus bezahlbar, wenn Sie nur kurz verreisen. Sie müssen sich nicht drei Wochen auf St. Barth aufhalten, es reicht auch eine oder eine halbe Woche.

Meiden Sie außerdem die Schulferien.

(1) Erholungsurlaub

Hier kommen sowohl Schiffsreisen in Betracht als auch Cluburlaube oder die schlichten Reisen ans Meer. Erkunden Sie sich in den gängigen Klatschmagazinen, wo sich die High Society aufhält. Es gibt regelmäßig Berichte über die entsprechenden Orte samt Paparazzi-Fotos. In Deutschland ist Sylt nach wie vor bei den Millionären und solchen, die es gerne wären, sehr beliebt. Reisen an die Côte d'Azur, nach Monte Carlo, aber auch nach Mallorca, an die Westküste oder die Kanalinseln zwischen England und Frankreich sind recht erfolgversprechend. Auch Norditalien sowie die Promi-Orte in den USA sind, was die Promidichte angeht, nicht zu verachten.

Do's:

Überprüfen Sie vor Reiseantritt, was Ihre finanziellen Verhältnisse hergeben. Hat die Reise mit kleinem Taschengeld bereits Ihre finanziellen Mittel nahezu ausgeschöpft, dann sollten Sie mit Freundinnen ein Appartement mieten. Lassen Sie sich zu Getränken und Essen einladen und halten Sie ansonsten Diät! Haben Sie noch Geld auf der hohen Kante, dann gehen Sie in ein Luxushotel, wenn auch das kleinste, mieseste Zimmer, Hauptsache, mit dabei sein! Sie werden sehen, was das für ein Erlebnis ist! Morgens können Sie mit Ihrem Auserwählten gemeinsam frühstücken. Sie haben hervorragende Möglichkeiten, Ihren Schatz abends an der Bar oder am hoteleigenen Pool kennen zu lernen! Das alles sind Faktoren, die nicht unterschätzt werden sollten.

Tagsüber am Strand oder Hotel-Pool sollten Sie eine passable Figur machen. Das Sonnenlicht und der reflektierende Strand sind erbarmungslos, was Cellulitis angeht ... Wenn Sie dabei einen großen Busen haben oder vortäuschen, ist das natürlich alles nicht so wild. Kaufen Sie sich einen tollen Badeanzug; wenn Sie eine Top-Figur haben, darf es auch ein knapper Bikini sein.

An Strand und Pool sollten Sie sexy Sandaletten oder Bade-High-Heels tragen, um das Bein optisch zu strecken. Insgesamt gilt aber auch hier: Gute Laune, ansteckendes Temperament und knisternde Erotik machen jede Beule im Oberschenkel wett.

Wenn Sie die betreffende Person auf sich aufmerksam gemacht haben, lächeln Sie ihn an und gehen Sie zur Bar. Er wird Ihnen garantiert folgen. Darf er nicht, weil er eine Freundin dabei hat, warten Sie auf den Moment, in dem sie im Wasser ist.

Bei Schiffsreisen ist das Geld meist Haupthinderungsgrund. Entweder Sie haben gespart und wollen eine Tour auf einem Luxus-Schiff machen, oder Sie lassen es ganz und versuchen, als Kellnerin auf das Schiff zu kommen.

Dont's:

Finger weg von preisgünstigen Schiffstouren. Nichts ist schlimmer, als mit mittelmäßig verdienenden besoffenen Mittdreißigern, gekoppelt an ein paar arme Alte, die erzählen wollen, was sie »für eine tolle Traumreise« machten, eine oder gar zwei Wochen auf offener See zu verbringen. Einen Millionär lernen Sie dort NIE kennen!

Hier gilt also ganz streng: Entweder ganz oder gar nicht!

Für Ihren Auftritt am Pool oder Strand raten wir Ihnen, das Oberteil nicht abzustreifen, es sei denn, Sie haben einen großen, perfekten Busen, der jeden zum Anknabbern einlädt. Ansonsten sollten Sie Ihrem Auserwählten auch noch etwas zum Entdecken übrig lassen.

(2) Kurzurlaube

Wundervoll, wir lieben Kurzurlaube und ziehen sie regelmäßig den Erholungsurlauben vor. Drei oder vier Tage reichen bereits völlig aus, um das Gefühl zu haben, man habe die halbe Welt gesehen. Großstädte (europa- und USA-weit) bieten sich dafür ganz besonders an.

Do's:

Informieren Sie sich vorher – ebenfalls über Klatschmagazine, Tageszeitungen, einheimische und solche der jeweiligen Stadt bzw. Land –, in welchen Läden sich die High Society aktuell aufhält. Achten Sie dabei darauf, dass Informationen aus Reiseführern schnell veralten.

Seien Sie gut gelaunt (Sie sind im Urlaub!), elegant-sexy gekleidet und offen für Neues. Checken Sie die Männer nach den in Punkt 1 genannten Kriterien ab, und stürzen Sie sich dann flirtend auf IHN (nicht wörtlich gemeint).

Informieren Sie sich auch darüber, wo in der jeweiligen Stadt die Millionäre wohnen, und beherzigen Sie die bereits oben aufgeführten Tipps (Joggen, Spazierengehen etc.). Was in Ihrer Heimatstadt funktioniert, klappt auch anderswo!

Auch hier gilt, wenn Sie es sich leisten können (auch wenn Sie erst dafür sparen mussten), dann gönnen Sie sich ein Top-Hotel. Manche Hotels haben auch Wochenendtarife. Denken Sie zum Beispiel in London an das Mandarine Oriental oder das Savoy! Oder in Paris an das Ritz oder Le Crillon. Dies sind Millionärs-Herbergen. Gehen Sie aufs Ganze! Sie haben dort nicht nur eine 95%-Millionärswahrscheinlichkeit, Sie genießen in so einem Top-Hotel auch einmaligen Service! Die Erinnerungen sind mit Geld nicht zu bezahlen.

Lassen Sie sich auf keinen Fall anmerken, dass Sie sich auf (bisher noch) unbekanntem Terrain bewegen.

Von der Kleidung her können wir Ihnen nur ans Herz legen, sexy-elegant aufzutreten und eine hochwertige Tasche zu benutzen. Ihr Dekolleté können Sie dann noch abends an der Hotel-Bar zeigen, wenn Sie gemeinsam mit Ihrer Freundin über die zahlreichen Museumsbesuche plaudern! Denken Sie vor allem an Ihre gute Laune!

Dont's:

Suchen Sie die Szeneläden auf, aber bitte ohne Fotoapparat und Filmkamera. Sie zieht es in den Laden, weil Sie eine von denen sind! Nicht weil Sie Püttgen Dalli aus Kleinkleckersdorf sind.

Vorsicht in Kleidungsfragen bei zu kurzen Röcken, zu tiefen Ausschnitten und hohen Lackpumps! Bitte sehen Sie zu, dass man Ihnen Ihren vorgeblichen Reichtum nicht deshalb zuschreibt, weil Sie Erfolg im Porno-Gewerbe haben, zum Kennenlernen könnte dies zwar förderlich sein, zum Heiraten eher nicht!

g) Spielcasinos

Exquisite Spielcasinos ziehen reiche Männer an wie das Licht die Motten. Neben interessanten, nicht so reichen Spielfanatikern trifft man hier in angenehmer Runde unter Einhaltung der Kleidervorschriften seinesgleichen zu einer Runde Roulette oder Black Jack. Kurzweiliges Spielvergnügen mit einer gehörigen Portion Nervenkitzel und einem

Schuss Erotik durch aufreizende Damen bieten Millionären ein willkommenes Freizeitvergnügen. Die meisten Casinos sind in edlen Häusern oder erstklassigen Hotels untergebracht. Der Zutritt ist frei für alle, die keinen Schufa-Eintrag haben. Abendgarderobe und ein gültiger Personalausweis verschaffen Ihnen Eintritt. Nach dem Besuch des Casinos haben Sie die Chance, den Millionär, mit dem Sie eben noch überm Roulettetisch geflirtet haben, in der Bar oder Disco des Hauses näher kennen zu lernen ... Auf geht's: Neues Spiel, neues Glück!

4. Unterwegs

Im Folgenden werden die gängigsten Fortbewegungsmittel und ihre Millionärsdichte dargestellt. Das Auto ist dabei ausgenommen, da es ein Individualfortbewegungsmittel ist. Um einen Bentley-, Porsche-, Maybach-, Ferrarifahrer auf sich aufmerksam zu machen, können Sie höchstens vors Auto springen oder einen Unfall einfädeln. Von beidem raten wir Ihnen dringend ab. Erstens können Sie sich nicht sicher sein, ob das anvisierte Fahrzeug dem Fahrer gehört (oder der Bank), zweitens wächst die Wahrscheinlichkeit, je größer und teurer das Gefährt ist, dass der Fahrer lediglich Chauffeur ist. Und was machen Sie dann, wenn der Eigentümer nicht mit im PKW sitzt oder nicht aussteigt oder Sie vielleicht nur wütend anbrüllt? Sehen Sie. Es gibt bessere Möglichkeiten.

Sicherlich wird es Sie nicht verblüffen, wenn wir Ihnen sagen, dass auf Bahnreisen die Wahrscheinlichkeit, einen Millionär kennen zu lernen, im First-Class-Bereich größer ist als in einem 2.-Klasse-Großraumabteil (dafür nimmt aber auch die Thrombose-Gefahr ab). Das Gleiche gilt für den Flugverkehr. Dass hohe Preise abschrecken, können wir nachvollziehen, zumal Sie vielleicht trotzdem die ganze Zeit neben einer Frau oder einem Kind sitzen und nicht mit einem Millionär plaudern können. Nichtsdestotrotz sollten Sie dies in Erwägung ziehen, schon allein wegen der Aufenthaltsräume. Sollten Sie nicht das nötige Kleingeld für den First-Class-Flug haben, dann nehmen Sie eine Kategorie darunter. Stehen Sie während des Fluges häufig auf und gehen Sie durch die Gänge (auch an den teureren Plätzen vorbei). Dann heißt es: Brust raus, Bauch rein. Die Gänge sind meist schön schmal, so dass Sie mit dem einen oder anderen – der sicherlich auch »urplötzlich« das Gefühl hat, aufstehen zu müssen – Körperkontakt haben. Und denken Sie wieder daran: Lächeln, lächeln, lächeln, aber bitte natürlich und von Herzen. Tragen Sie nach Möglichkeit eine figurbetonte, weiße Bluse und einen schmalen, nicht zu kurzen Rock. Dazu Nylons mit Naht und High-Heels. Business-Look, aber bitte mit Sex-Appeal! Sie wollen sich doch abheben von den ganzen grauen Büro-Mäusen und Stewardessen. Die Haare sollten Business-like aussehen (strenger Dutt z. B.), aber denken Sie auch an Ihr Make-up. Rote Lippen sind natürlich erlaubt!

Nehmen Sie eine Maschine am frühen Morgen oder abends, da ist die Wahrscheinlichkeit am größten, dass gut verdienende Männer (Manager und Unternehmer) im Flieger sitzen.

Beim Zugfahren verhält es sich ähnlich, nur dass dies häufig weniger kostspielig ist. Mit Hilfe einer Bahncard fahren Sie bekanntermaßen ermäßigt. Die Bahncard First ist zwar teurer als eine normale Bahncard, dafür genießen ihre Besitzer das Privileg der 1.-Klasse-Aufenthaltsräume, die nach und nach an sämtlichen Bahnhöfen eingerichtet worden sind.

Dank der Verspätungen sind diese Aufenthaltsräume meist recht gut besucht und bieten genügend Flirt-Potenzial. Achten Sie auf die Kleidung, Accessoires und Gesprächsthemen, dann werden Sie schon bald Ihren Millionär herausfinden. Wenn Sie dann wissen, wohin er fährt, besorgen Sie sich heimlich eine Fahrkarte mit demselben Ziel, so geben Sie ihm genügend Möglichkeiten, Sie kennen zu lernen.

Geben Sie ihm das Glücksgefühl, Ihnen durch »Zufall« begegnet zu sein.

5. Kontaktanzeigen

Sie können selbst eine Kontaktanzeige aufgeben. Sogar der Text »Millionär zwecks Heirat gesucht« hat schon den einen oder anderen Goldfisch anbeißen lassen. Seien Sie also ruhig direkt und frech. Gängige Texte wie »hübsche SIE mit weiblicher Figur und gutem Charakter sucht Mann fürs Leben« sollten Sie besser unterlassen, wenn Sie nicht Zuschriften von kontaktarmen und im Zweifel auch finanziell schlecht gestellten Herren erhalten möchten, die auf dem Weg eine füllige und sextolle Hausfrau finden wollen. Auch eher deprimierende Texte wie »... sucht nach Enttäuschung einen ehrlichen Mann« interessieren niemanden außer den Psychotherapeuten.

Erfolgversprechend sind auch die Dienste einer Partnerschafts- bzw. Heiratsvermittlung. Es gibt einige Namhafte, die durch ihre großformatigen Anzeigen in überregionalen Zeitungen auffallen und wegen ihrer Diskretion auch das Vertrauen einsamer Millionäre genießen. Bereits bei der Lektüre der Anzeigen merken Sie, dass es sich bei den Männern offensichtlich um die von Ihnen angestrebte Klientel handelt. Allerdings müssen Sie im Regelfall zur Kontaktaufnahme mit den Herren dieser Couleur eine Menge Geld mitbringen. Die Heiratsagenturen lassen sich diese Kontaktvermittlung meist einige Tausend, wenn nicht gar Zehntausend Euro kosten. Eine Heiratsgarantie gibt es natürlich trotzdem nicht, aber bevor Sie sich ein neues Auto kaufen, sollten Sie diese Möglichkeit in Erwägung ziehen.

6. Millionärsclub

Nomen est omen! In dem »Millionaire´s Club« der Amerikanerin Patti Stangers besteht für hübsche Frauen die reelle Chance, einen Millionär zu ergattern.

In regelmäßigen Abständen veranstaltet sie Treffen, bei denen etwa fünfzig Frauen auf eine handverlesene Anzahl männlicher Bewerber (ausschließlich Millionäre) kommen. In einer vorgegebenen Zeit unterhält sich jede Frau mit jedem Mann und zum Schluss stellt sich heraus, welcher Millionär welche Frau gerne näher kennen lernen möchte.

Für die Frauen sind diese Treffen kostenlos.

Sie können sich ganz einfach im Internet anmelden. Das Einzige, was Sie brauchen, ist eine Set-Karte, also professionell aufgenommene Fotos von Ihnen, die Sie in einem Model-Licht widerspiegeln. Und dann kann es auch schon losgehen.

Die Treffen sind meist in Bel Air (Nobelviertel von Los Angeles), aber auch in einigen anderen Städten der USA. Demnächst soll es sogar eine Dependance in Großbritannien geben.

Wenn Sie auf die Web-Seite des Clubs schauen, werden Sie sogar feststellen, dass es wenige Damen aus Europa gibt, die in dem Club vertreten sind. Als Europäerin stellen Sie eine nicht zu verachtende Ausnahme, gar eine Exotin dar. Scheuen Sie nicht die Reise nach L.A. Sie kann Ihr Leben komplett verändern, wer weiß, vielleicht leben Sie demnächst neben einem texanischen Ölbaron auf einer »Southfork-Ranch«.

Glauben Sie jetzt nicht, dass dies nur für blutjunge Mädchen gilt. Frauen von Anfang Zwanzig bis Mitte Fünfzig sind dort vertreten.

Versuchen Sie Ihr Glück und informieren Sie sich noch heute unter www.millionairesclub123.com.

Kapitel III

WAS DER MILLIONÄR WILL

Den maßgeschneiderten Millionär zu finden ist wie einen guten Job zu finden. Beides erfordert sorgfältige Vorarbeit und vor allen Dingen einen ausgefeilten Lebenslauf. Wie auch bei der Jobsuche sollten Sie sich als Allererstes fragen, was der künftige Chef sucht und warum gerade Sie die Richtige für diesen Job sind. Das bedeutet, dass Ihre Qualitäten mit seinen Erwartungen korrespondieren müssen.

Kommen wir nun zum idealtypischen Lebenslauf der potenziellen Millionärsgattin.

1. PERSÖNLICHES

Geboren:

Etliche Männer lieben jüngere Frauen. Gründe dafür sind vielfältig: Angst vor dem Alter, Sex, Angeberei ...

Dennoch hängt das Alter der vom Millionär begehrten Frau vom Stand des Millionärs ab. Alteingesessene Millionäre haben meist eine sehr gute Bildung und ziehen es vor, ebenbürtige Gesprächspartnerinnen zu haben. Sie sind deshalb nicht auf das Alter fixiert, sondern eher auf eine gepflegte und ansprechende Gesamterscheinung, Benehmen und Stil. Neureiche hingegen wollen mit einer jüngeren Frau ausdrücken, dass sie es »geschafft« haben. Allen ist sofort klar, dass ein Mann, der mit einer wesentlich jüngeren (und attraktiven) Frau ausgeht, ein reicher Mann ist, denn ein älterer, armer Mann könnte eine solche Frau nicht hinter dem Ofen hervorlocken.

Sollten Sie also an einen Mann geraten, der sich gern mit jüngeren Frauen umgibt, dann lügen Sie ruhig. Einen Personalausweis wird er schon nicht von Ihnen verlangen.

Gegen fortgeschrittenen Hautverfall helfen kleine Liftings, die nicht mehr die Welt kosten. Informieren Sie sich bei einer Kosmetikerin oder beim Hautarzt.

Eltern:

Für neue Millionäre ist das Elternhaus der Auserwählten in der Regel unwichtig.

Ein alteingesessener Millionär hingegen achtet schon eher auf ein gutes Elternhaus und finanziellen Background, unter Umständen, weil es seine Familie so will. Gebildete Eltern lassen auf eine gebildete Tochter mit gutem Benehmen schließen und erleichtern Ihnen vieles. Wie die Beispiele von Mette-Marit, Maxima oder Camilla Parker Bowles zeigen, ist der noble familiäre Hintergrund jedoch nicht zwingend erforderlich, wenn sich der Millionenerbe erst einmal in Aschenputtel verliebt hat. Wenn also der moderne Hochadel bereits Schwiegertöchter zulässt, die außereheliche Kinder mit in die Ehe bringen, bereits verheiratet waren oder Eltern haben, die politisch nicht korrekt sind, dürften die Eltern alteingesessener Unternehmersöhne nichts gegen eine liebenswerte und vorzeigbare Schwiegertochter haben, in die ihr Sohn sich unsterblich verliebt hat, auch wenn das Elternhaus nicht ihren Vorstellungen entspricht.

Körpergröße:

Die Körpergröße ist im Grunde genommen unwichtig. In der Regel mögen Männer es nicht, wenn ihre Frauen sie größenmäßig überragen. Es gibt aber auch genügend Gegenbeispiele; viele kleine Männer lieben es, sich mit größeren Frauen zu umgeben. Die Körpergröße ist also reine Geschmackssache und ist weder förderlich noch hinderlich auf der Suche nach dem Millionär fürs Leben.

Körpermaße:

Hier sind die Geschmäcker natürlich sehr verschieden; 90–60–90 sind sicher immer noch als Traummaße der meisten Männer anzusehen, wobei sie einer Frau mit den Maßen

85–68–90 noch glauben, dass es die berühmt berüchtigten 90–60–90 sind. Schwindeln Sie hierbei ruhig, solange die Proportionen stimmen.

Figur:

Weiblich, aber nicht speckig, sportlich, aber nicht durchtrainiert. Großer Busen mit zentriert angelegten Brustwarzen, ein runder, knackiger Po und endlose Beine werden gern gesehen. Eine gute Orientierung bietet die gute alte Barbie-Puppe. Männer mögen Frauen, die so aussehen, als müssten Sie sich für Ihre Figur nicht abplagen (was niemals stimmen kann). Sie sollten schlank sein, aber mit Kurven an den richtigen Stellen. Ein flacher Busen und Po wirkt ebenso abtörnend wie eine Butterfass-Figur. Sophia Loren oder gar Marilyn Monroe, für die heutige Zeit Kylie Minogue oder Jennifer Lopez, sind – was die Figur angeht – sicher als Vorbilder anzusehen. Die Tänzerinnenfigur drückt Lebensfreude und Spaß aus, sie steht im Gegensatz zu Diäten- und Fitnesswahn.

Haare:

Ob schwarz oder blond, brünett oder rot ist eine Geschmackssache. Auch der eingefleischteste Blondinenfan wird eine Schönheit wie Catherine Zeta-Jones oder Verona Feldbusch nicht von der Bettkante stoßen. Es gibt ebenso viele Blondinen wie Brünette, die auf der Wunschliste der Millionäre ganz oben stehen. Wählen Sie die Haarfarbe, die Ihnen am besten steht, meist hat die Natur schon die richtige Wahl getroffen, es sei denn, Sie sind grauhaarig. Grauhaarige Frauen erinnern Männer an ihre Omas, die sie zwar lieben, mit denen sie aber nicht ins Bett gehen wollen. Strähnchen sind in Ordnung, solange sie nicht selbst gemacht wirken. Generell bevorzugen Männer eher lange als kurze Haare.

Kleidung:

Welche Kleidung Millionäre bei Frauen bevorzugen, hängt von dem Millionär ab. Ein Neureicher mag es gern, wenn die Frau sichtbar viele und teure Marken trägt und viel Sexappeal ausstrahlt. Minirock, tiefes Dekolleté und High-Heels sind sogar in Kombination gern gesehen. Eine der hierfür beliebtesten Marken ist Versace, aber auch Moschino oder Dolce & Gabbana.

Ein alteingesessener Millionär liebt es hingegen etwas zurückhaltender und mag es nicht sonderlich, wenn die Frau viel Haut zeigt oder Marken zur Schau trägt, sondern wenn sie mit Eleganz und Stilbewusstsein umzugehen weiß. Achten Sie auf sehr gute Verarbeitung und hohe Qualität. Beliebte Marken sind Armani, Prada, Chanel und Hermès.

Generell gilt: Ein elegant-sportlicher, von selbstverständlicher Nonchalance gekrönter Gesamteindruck wie ihn Grace Kelly oder Jaqueline Kennedy, die Urmütter aller Society-Ladys, verkörpert haben, ist vorbildlich und kommt bei Millionären gut an.

2. WERDEGANG

Schulbildung:

Bei den alteingesessenen Millionären ist Abitur Mindestvoraussetzung. Realschule mit anschließendem Abitur geht gerade noch. Gern gesehen sind ehemalige Internatsschülerinnen, je nobler das Internat, desto besser.

Neureichen ist Bildung bei Frauen nicht so wichtig wie gutes Aussehen. Sie wünschen sich im Gegenteil oft nur Frauen, die gut aussehen und nicht zu viel reden oder denken.

Ausbildung/Beruf:

Für die Altreichen ist ein Studium wünschenswert, am besten in Klassikern wie Rechtswissenschaften oder Medizin. Gern gesehen sind auch Geschichtswissenschaftlerinnen, Kunsthistorikerinnen oder Medienwissenschaftlerinnen. Ein Studium der Publizistik oder Politik macht Frau fit für gesellschaftliche Anlässe mit oberflächlichen Smalltalks zum Zeitgeschehen. Es ist nicht wichtig, dass Frauen diese

Studien abschließen, wichtig ist lediglich, dass sie sagen können: »*Ich habe studiert.*«

Sofern die Auserwählte nicht studiert hat, kann auch eine Top-Ausbildung in der Mode- oder Werbebranche vorteilhaft sein. Eine abgeschlossene Lehre ist Mindestvoraussetzung. Kein Altmillionär möchte eine dumme Frau. Sie braucht zwar nicht zu arbeiten, sollte aber dennoch die einfachsten Regeln des Smalltalk beherrschen, was eine gewisse Intelligenz voraussetzt.

Den Neureichen ist eine Ausbildung nicht wichtig. Sie legen dagegen größten Wert auf gutes Aussehen. Wenn dieses gute Aussehen dadurch bestätigt wird, dass die Frau modelt, ist alles perfekt. Neureiche umgeben sich gern mit Models. Auch die alteingesessenen Millionäre sind nicht blind und umgeben sich vorzugsweise mit Models. Ein intelligentes Model, welches ausschließlich oder nebenberuflich modelt, hat also die größten Chancen beim Millionär.

Der Traum aller Männer ist es, ein Model an ihrer Seite zu haben!

Diesen Traum können Sie ihm erfüllen: Sagen Sie einfach, Sie seien Model. Je nach Ihren Vorzügen entweder Ganzkörpermodel, Strumpfmodel oder BH-Model. Letzteres können Sie ihm mit jedem Versandhauskatalog »beweisen«, da die Köpfe meist aus Platzgründen abgeschnitten sind.

Bildungstechnisch reicht es dem neuen Millionär, wenn die Auserwählte Niveau von Nivea unterscheiden kann und Louis Vuitton nicht für den französischen Sonnenkönig hält. Ein ausgeprägtes Markenbewusstsein ist für Neureiche wesentlich wichtiger als eine exzellente Ausbildung! Politisch und kulturell muss die Frau nicht mitreden können, meist verstehen diese Männer selbst nicht allzu viel davon, aber hübsch muss sie sein.

3. SEXUELLE QUALITÄTEN

Männer lieben Frauen, die es ihnen so »richtig besorgen«. Die Traumfrau sollte nach Möglichkeit alles können, alles tun und ihr sollte nichts Menschliches fremd sein. Toll ist eine Frau, die so offen ist, dass der Besuch bei Prostituierten überflüssig wird. Der Mann will das Gefühl haben, der Frau all seine Wünsche anvertrauen zu können, ohne dafür verschmäht zu werden. Männer favorisieren übrigens nach wie vor den Fellatio als das Höchste der Gefühle. Frauen, die hierin besonders qualifiziert sind, haben bei im Übrigen gleicher Qualifikation und Fähigkeiten auf den anderen Gebieten des Lebenslaufes im Vergleich zu den anderen Bewerberinnen große Chancen, den Vorzug zu erhalten und geehelicht zu werden. Männer mögen Naturtalente, die ihre Fähigkeiten nach Möglichkeit nicht mit zu vielen anderen Sexualpartnern erlernt haben. Sie lieben es, der Erste und der Beste zu sein.

Lassen Sie sich von diesem idealtypischen Profil keinesfalls entmutigen. Glauben Sie uns, Sie können es erfüllen!

Kapitel IV

13 GOLDENE REGELN

Regel Nummer 1:
Think positive!

Wenn es Ihnen schwer fällt, sich vorzustellen, wie es ist, reich zu sein, und Sie deshalb nur halbherzig an Ihren bevorstehenden Reichtum glauben, dann bauen Sie sich jetzt unbedingt auf.

Gehen Sie shoppen und kaufen Sie sich neue Kleidung, sie muss fürs Erste nicht teuer sein, sollte aber so aussehen. Gönnen Sie sich einen echten Chanel-Lippenstift für einen ersten Hauch von Luxus. Gehen Sie in ein Mercedes- oder Porsche-Autohaus und sehen Sie sich die Nobelkarossen einmal genau an. Streicheln Sie über den Lack. Setzen Sie sich in einen Porsche 911 und riechen Sie das Leder. Lassen Sie Ihre Finger über das handgenähte Lederlenkrad fahren und Sie werden wissen, was es bedeutet, reich zu sein. Machen Sie auch eine Probefahrt. Kaufen Sie sich Immobilienzeitungen mit überregionalem Angebot und träumen Sie sich in die fünfzehn Zimmer Luxusvilla in Italien und bedenken Sie dabei, dass es sich nur um Ihr Feriendomizil handelt! Besorgen Sie sich Hochglanzkataloge mit den neuesten Kollektionen von Hermès, Chanel, Prada, Dolce & Gabbana, Gucci etc.

Kaufen Sie sich die Bunte oder die Gala und lesen Sie, wie es den Reichen und Schönen ergeht, sehen Sie sich »Exclusiv Weekend« an und stellen Sie sich vor, Sie gehörten bald dazu. Denken Sie daran, dass Sie bald nicht mehr morgens früh aufstehen müssen, um arbeiten zu gehen, sondern um dem Personal Anweisungen zu geben, sich zu pflegen und einkaufen zu gehen, Ausstellungen zu besuchen usw.

Denken Sie sich reich! Konzentrieren Sie sich auf Ihren bevorstehenden Reichtum! Denken Sie an das Prinzip der selffulfilling prophecy! Ihr Verlangen und Ihr Mut, sich zu ändern, wird Ihnen den Weg zum Reichtum ebnen. Vertrauen Sie der Kraft Ihres Willens!

Finden Sie sich schön! Seien Sie zufrieden! Seien Sie selbstbewusst! Lieben Sie Ihren Körper, pflegen Sie ihn, gehen Sie sorgsam mit ihm um! Lieben Sie das Leben, bedenken Sie immer, dass es Ihr Leben ist und Sie nur das eine haben! Denken Sie positiv! Das Leben ist schön!

Regel Nummer 2: Achten Sie auf Ihre Gesundheit!

»Mens sana in corpore sano« heißt: »Gesunder Geist in gesundem Körper«.

Ein schlanker und durchtrainierter Körper drückt einen verantwortungsbewussten Umgang mit dem eigenen Körper aus. Dies erfordert Intelligenz und Selbstdisziplin – beides Attribute, die in der Upper Class gern gesehen werden.

Wenn Sie zu dick sind, sollten Sie abnehmen und mit jedem Kilo auch ein Kilo (seelischen) Ballast abwerfen! Ihr Selbstbewusstsein wird steigen – nicht nur weil Ihnen nun eine größere Auswahl an schicker Kleidung zur Verfügung steht. Generell gilt aber: Nehmen Sie bitte sehr langsam (ggf. unter Anleitung eines Arztes) ab. Die beste Art, um dauerhaft schlank zu werden bzw. zu bleiben, ist die richtige Ernährung in Kombination mit regelmäßiger Bewegung. Es nützt Ihnen gar nichts, wenn Sie innerhalb eines halben Jahres 20 Kilo abnehmen; Sie werden dabei krank, ausgemergelt und müde aussehen. Eine Radikaldiät ist der beste Garant dafür, auf einen Schlag um zehn Jahre zu altern (es sei denn, Sie sind knackige 16).

Falls Sie keine Lust auf einen Ernährungsratgeber haben, können Sie sich mit ein paar einfachen Regeln Ihrem Ziel nähern: Gewöhnen Sie sich an, täglich mindestens drei Liter

Flüssigkeit aufzunehmen, die nicht aus Kaffee oder Alkohol bestehen. Essen Sie über den Tag verteilt mindestens fünfmal Obst und Gemüse, viele Vollkornprodukte und reduzieren Sie Ihren Fleisch- und Wurstkonsum auf höchstens zwei Portionen pro Woche.

Auf Genüsse wie Schokolade oder Chips müssen Sie nicht verzichten, aber genießen Sie mit Verstand! Beschränken Sie sich ausschließlich auf Ihre absoluten Favoriten! Machen Sie keine faulen Kompromisse, das führt am Ende nur dazu, dass Sie sich mit nicht so leckeren Ersatzdrogen wie Schokomüsliriegeln oder Reformhauskeksen ohne Ei vollstopfen und am Ende frustriert sind und keinen echten Genussfaktor hatten. Wohldosiert sind diese Leckerein auch auf dem Weg zur Traumfigur erlaubt. Wenn Sie doch einmal über die Stränge geschlagen haben, ist das nicht so schlimm, solange Sie es wieder ablaufen. Dreißig bis vierzig Minuten schnelles Gehen bringen Ihnen durchschnittlich satte 300 Kalorien Verlust! Eine halbe Tafel Vollmilch-Nuss sind Sie damit schon mal wieder los.

Gegen ein Glas Rotwein oder eine Weißweinschorle in Gesellschaft ist nichts einzuwenden. Vermeiden Sie angesichts des Alkoholgehalts und der Kalorien aber jede Form von Gewöhnung. Die meisten Millionäre mögen gute Weine. Schulen Sie also auch im Interesse Ihres Hauptziels Ihren Gaumen und lernen Sie, den richtigen Tropfen, der übrigens nicht teuer sein muss, herauszufinden.*

Sportarten, die Ihnen Begegnungen mit Millionären bieten, kennen Sie bereits.

Ausdauersportarten wie Joggen, Walken, Inlineskaten, Fahrradfahren oder Schwimmen bringen Ihren Kreislauf in Schwung und verbrennen Kalorien! Deshalb sollen Sie gerade auf dem Weg zur Traumfigur eine dieser Sportarten mindestens drei Mal die Woche jeweils mindestens eine halbe

* Lesetipp: Frank Kämmer, Superweine aus dem Supermarkt, Eichborn 2002.

Stunde ausüben. Um Fett zu verbrennen, müssen Sie sich nicht verausgaben. »Laufen und lächeln statt hetzen und hecheln« heißt die Devise!

Regel Nummer 3: Stop smoking!

Lieben Sie es, Opfer eines permanenten Verfärbungsprozesses zu sein? Es beginnt mit gelben Fingern, geht über dunkelgelbe Zähne, bei denen auch Perlweiß nichts mehr nützt, hellgraue Gesichtshaut (Dracula lässt grüßen) und endet oft mit einer schwarzen Lunge. Gelb, dunkelgelb, grau und schwarz sind nicht gerade die fröhlichen Farben des Regenbogens, nicht wahr?

Rauchende Frauen altern und erkranken schneller als andere, es beginnt mit dem in die Flucht treibenden Raucherhusten, um oft genug in deutlich sichtbaren Gefäßkrankheiten wie unschönen Krampfadern oder dem vielgefürchteten Raucherbein zu enden. Schlaganfall, Krebs und andere tödlich verlaufende Krankheiten, die dieses Übel mit sich bringt, wollen wir gar nicht weiter ansprechen, schließlich wird davor auf jeder Zigarettenpackung gewarnt. Überlegen Sie sich mal, wie Sie nach dreißig Jahren Kettenrauchen aussehen ... Denken Sie allein an den fältchenumgebenen Mund, den Sie bald haben werden, wenn Sie Ihre Lippen weiterhin zwingen, sich auf ein kleines Röhrchen zu pressen. Es ist für Sie und Ihren Körper, den Sie lieben, besser, noch heute mit dem Rauchen aufzuhören. Auch Ihr Teint wird es Ihnen danken. Die Nase Ihres Millionärs freut sich eher darüber, Sie an Ihrem unverwechselbaren Parfum statt an Ihrer Nikotin-Fahne und dem unverwechselbaren, grauenvollen Rauchermundgeruch zu erkennen!

Regel Nummer 4:
Pflegen Sie sich!

Kaufen Sie sich ein paar teure Pflegeprodukte und gönnen Sie sich wöchentlich den Luxus eines Wellnesstages.

a) Enthaaren

Achten Sie stets darauf, dass Sie sich ordentlich an Beinen, in der Bikinizone, unter den Armen und bei Bedarf auch an anderen Stellen enthaaren. Sie können hierfür einen Rasierer, Epilierer oder Enthaarungscreme benutzen, bitte jedoch nicht im Gesicht. Sollten Sie sich von Ihrem gegebenenfalls vorhandenen Damenbart trennen wollen (eine sehr weise Entscheidung), dann wählen Sie die traditionelle Wachsmethode, die zwar schmerzhaft, aber sehr wirkungsvoll ist. Augenbrauen bringen Sie mit der Pinzette in Form oder überlassen dies Ihrer Kosmetikerin. Sie können sich die Gesichtshaare auch per Laser dauerhaft entfernen lassen. Da das jedoch recht kostspielig ist, können Sie mit dieser Form der Enthaarung warten, bis Sie Ihren Millionär und damit das passende Kleingeld gefunden haben.

b) Eincremen

Einige Frauen mit trockener Haut neigen dazu, einen Fettfilm aus reichhaltiger Creme in ihrem Gesicht herumzutragen, um der Haut möglichst viel Gutes zu tun. Hierzu sei gesagt: Kaufen Sie sich eine gute, feuchtigkeitsspendende Tagescreme, die schnell einzieht, denn Sie wollen doch nicht aussehen wie eine wandelnde Insektenfalle, an der sämtliche Essigfliegen haften bleiben, oder?

Auch Ihren Körper sollten Sie täglich mit einer auf den Hauttyp abgestimmten Creme eincremen – im Sommer am besten schon morgens mit einer gut duftenden Sonnenmilch. So gewährleisten Sie, dass Ihre Haut immer schön geschmeidig ist, und vermeiden raue Hautstellen und Sonnenbrand.

c) Hände pflegen

Manikürte Fingernägel sind ein absolutes Muss! Ihre Nägel sollten immer gepflegt wirken. Lackieren Sie Ihre Fingernägel also ruhig in allen möglichen Rottönen, wenn es gerade in ist. Wenn Sie es lieber unauffällig haben, dann wählen Sie einen Nagellack in hellem Beige oder zartem Rosé aus und kaufen sich einen Nagelweiß-Stift, mit dem Sie die überstehenden Nägel weißen. Mit dieser »French Manicure« haben Sie immer top gepflegte Fingernägel. Inspizieren Sie Ihre Nägel täglich und bessern Sie abgesplitterten Nagellack sofort aus! Sie sollten außerdem darauf achten, dass alle Nägel gleich lang sind, wenn Ihnen also der Nagel des Mittelfingers abbricht, heißt es leider für alle anderen auch ab!

Falls Sie sich noch keine Putzfrau leisten können, dann gewöhnen Sie sich an, alle Hausarbeit, bei der Sie mit Wasser in Berührung kommen, nur mit Handschuhen zu verrichten, damit Sie Ihre zarten Hände schützen und beim abendlichen Ausgehen keine spröden oder rissigen Hände haben. Ihre manikürten Fingernägel schützen Sie so außerdem. Das Tragen von Handschuhen gilt übrigens für alle Arbeiten im und ums Haus. Vor allem im Garten beim Unkrautzupfen dürfen Sie die Handschuhe niemals vergessen, sonst sehen Sie aus, als wären Sie ein Kfz-Schrauber auf Urlaub.

Kauen Sie Fingernägel? Dann sollten Sie etwas dagegen tun! Wenn Sie es wirklich nicht lassen können, ist es psychisch bedingt und Sie sollten zum Arzt. Wenn Ihre Nägel ständig abbrechen, benutzen Sie Nagelhärter oder gehen Sie in ein Nagelstudio.

Im Übrigen sollten Sie Ihre Hände mehrmals täglich eincremen, um Rissen, Hornhaut und Falten vorzubeugen. Es gibt sehr gute spezielle Pflegecremes für die Hände, aber auch Olivenöl pflegt die Hände spürbar. Einfach beim Kochen einen Spritzer über die Hände und einmassieren. Im Sommer denken Sie bitte auch an ausreichenden Sonnenschutz für die Hände, da ansonsten Altersflecken vorprogrammiert sind, die Sie leider im Ganzen um Jahre altern lassen (diese Flecken heißen nicht umsonst so!). Die Hand verrät dann im Zweifel in einigen Jahren Ihr echtes Alter, obwohl Ihr Gesicht noch jung aussieht.

d) Füße pflegen

Gehen Sie entweder regelmäßig zur Fußpflege oder legen Sie selbst Hand an. Entfernen Sie die Hornhaut und schneiden Sie Ihre Fußnägel schön gerade in Form. Dann lackieren Sie die Fußnägel und achten Sie täglich darauf, dass sämtliche Nägel noch lackbeschichtet sind. Wenn Sie besonders hartnäckige Hornhaut haben, können Sie Ihre Füße vor dem Zubettgehen mit warmem Olivenöl massieren und das Ganze dann gut verpackt in Baumwollsocken über Nacht einwirken lassen. Eine gute Schrundencreme kann auch helfen.

Mit gepflegten Füßen können Sie die heißesten Sandaletten tragen, ohne dass der Schuh Ihnen die Schau stiehlt.

e) Sonnenschutz & Bräune

Meiden Sie direkte Sonneneinstrahlung zwischen 11 und 15 Uhr. Setzen Sie sich der Sonne nur mit ausreichendem Sonnenschutz aus. Mittlerweile gibt es für jeden Hauttyp den richtigen Schutz. Sie sollten sich außerdem einen schicken Sonnenhut zulegen. Wenn Sie zu denjenigen gehören, die Wert auf Körperbräune legen, dann schränken Sie Ihre Besuche im Solarium bitte auf ein Minimum ein oder kaufen Sie sich besser Selbstbräuner. Bedenken Sie, dass eine dezente Bräune nur im Sommer überzeugt und im Winter künstlich wirkt! Vermeiden Sie auf jeden Fall eine komplette Hautverfärbung ins Dunkelbraun oder Dunkelrot, so wie sie in den achtziger Jahren modern war, das macht nicht nur hässlich, sondern auch alt. Ihre Beine und Arme sehen toll aus, wenn Sie sie mit einer Lotion, die Sie vorher mit einem

Glitzerpuder gemischt haben, eincremen. Das intensiviert eine leichte vorhandene Bräune und lässt Ihre Haut frisch und knackig aussehen.

f) Zähne pflegen

Gepflegte, gerade Zähne sind immer ein Hingucker. Sie gehören ab heute zu den Frauen, die ihre Zähne oft zeigen, und zwar um zu lachen. Sind Ihre Zähne aufgrund jahrelangen Nikotinkonsums also eher braungelb als perlweiß, dann gehen Sie zum Zahnarzt Ihre Vertrauens und investieren Sie in eine Aufhellung. Auch wenn Ihre Zähne schief sind oder Sie vor einigen Jahren billigen Zahnersatz von der Krankenkasse spendiert bekommen haben, sollten Sie hier jetzt noch einmal investieren und sich vom Zahnarzt richtig behandeln lassen. Sicher, das kostet Geld, unter Umständen sogar richtig viel. Aber schöne Zähne sind nun einmal der Einstieg in die Welt der Schönen und Reichen. Sehen Sie sich mal die Schauspieler und Models an, die es zu etwas gebracht haben: alle tolle Zähne. Glauben Sie bitte nicht, dass das bei allen naturgegeben ist, in den meisten Fällen wurde erfolgreich nachgeholfen.

Wenn Ihre Zähne in Ordnung sind, d.h. halbwegs gerade und nicht dunkelgelb, dann sollten Sie sich angewöhnen, diesen Zustand durch liebevolle Pflege so lange wie möglich zu erhalten. Putzen Sie Ihre Zähne mindestens zweimal täglich und verwenden Sie Zahnseide. Achten Sie auf Mundgeruch! Nichts ist abstoßender als der beißende Geruch von abgestandenem Blumenwasser aus Ihrem adrett geschminkten Mund! Nehmen Sie Pfefferminz oder Mundwasser dagegen.

Regel Nummer 5:
Niemals ohne Make-up!

Tagsüber ist ein dezentes Make-up mit Naturtönen von Vorteil. Wählen Sie bitte einen dezenten Farbton aus. Meiden Sie zu dunkle oder rosa wirkenden Töne. Nie liegen Sie falsch, wenn das Make-up einen Ton heller ist als Ihre Haut. Man sollte keine Ränder sehen und die Konsistenz des Make-ups sollte sich Ihrer Haut anpassen. Achten Sie bei großporiger Haut darauf, dass es nicht zu fest und pudrig ist, denn dann kann es sich in allen Poren und auch ersten Fältchen absetzen und betont diese Stellen, anstatt sie zu kaschieren.

Neigen Sie zu glänzender Haut, sollten Sie sich einen Luxus-Kompaktpuder kaufen, mit dem Sie den Glanz kontrollieren und eliminieren können. Eine schöne Puderdose mit Spiegel können Sie jederzeit aus Ihrer Handtasche holen, um diesem Ritual zu frönen. So wichtig Puder auch ist, ein Zuviel davon lässt Sie aussehen wie eine Theatermaske. Auch und gerade Ihr Puder ist eine echte Falle für Gesichtshärchen oder erste Fältchen, die Sie bei Überdosierung oder zu fester Konsistenz für jeden auf Entfernung sichtbar betonen. Wenn Sie hierfür prädestiniert sind, wählen Sie keinen Kompaktpuder, sondern weichen Sie auf losen Puder aus. Auch lose Puder gibt es mittlerweile von guten Herstellern in Taschenformat. Ein Pinsel verhindert das Verharren in den Fältchen beim Auftragen des Puders.

Bei Zweifeln gehen Sie zu einer Kosmetikerin oder in eine gute Parfümerie und lassen Sie sich von einer gut geschminkten = natürlich wirkenden Verkäuferin beraten. Nehmen Sie besser keinen Rat von einer Verkäuferin an, die im Gesicht so farbenfroh ist wie ein bunter Papagei, denn solche optischen Verbrechen schreien geradezu selbst nach einer Beratung.

Eine große Hilfe bei der Retouche von kleinen Gesichtsmakeln wie dunklen Augenringen oder kleinen Fältchen bieten die mittlerweile in allen Preisklassen erhältlichen lichtreflektierenden Concealer.

Die Augen schminken Sie tagsüber dezent mit Wimperntusche oder etwas Lidstrich, abends darf es gern etwas mehr sein. Schrecken Sie bei besonderen Anlässen nicht vor falschen Wimpern zurück, die sind nicht nur an Karneval sexy!

Experimentieren Sie hinsichtlich der Lippenstiftfarbe. Nehmen Sie dramatisches Rot, wenn es Sie frisch aussehen lässt. Rot können Sie abends immer, tagsüber bedingt tragen. Zarte Pastellfarben von Beige über ein leichtes Orange bis Rosé wirken immer schön, vor allem aber tagsüber sehen sie schön edel und zurückhaltend aus. Probieren Sie aus, was Ihnen am besten steht. Ihr Handtaschen-Lippenstift sollte Ihre Liebe zum Luxus dadurch ausdrücken, dass er von einer bekannten Firma stammt und durch die noble Umhüllung auffällt. Nehmen Sie also den Drogerie-Markt Lippenstift nie mit. Reiche Männer mögen Frauen, die sich mit edlen Pflegeprodukten umgeben. Es sieht einfach schöner aus, wenn sich eine Frau die Lippen mit einem Chanel- oder Dior-Lippenstift nachzieht, als wenn sie es mit einem Billig-Lippenstift tut. Hinzu kommt, dass Millionäre diese Pflegeprodukte aus ihrem Elternhaus kennen. Die Vertrautheit, die beim Anblick eines solchen Produktes aufkommt, lässt den Millionär vermuten, dass Sie den Umgang mit Reichtum gewohnt sind, und lässt seine Angst, dass es sich bei Ihnen um eine Frau handeln könnte, die es nur auf sein Geld abgesehen hat, schwinden. Je mehr Sie sich mit Luxusprodukten umgeben, desto eher erwecken Sie in ihm das Gefühl, unabhängig zu sein, und zwar auch und gerade in finanzieller Art. Diese Vorstellung sollten Sie ihm (auch wenn sie vorgegaukelt ist) bis zur Hochzeit unbedingt lassen.

Regel Nummer 6: Investieren Sie in einen erstklassigen Haarschnitt!

Gehen Sie an Ihr Erspartes und machen Sie den Mund wieder zu, nachdem Sie die folgenden Zeilen gelesen haben:

Der beste Friseur der Stadt ist gerade gut genug. Gibt es in Ihrer Stadt keinen guten Friseur, dann fahren Sie in die nächste Großstadt. Die besten Adressen erfahren Sie aus den einschlägigen Hochglanzmagazinen. Lassen Sie den Friseurbesuch ruhig € 100,00 und (wesentlich) mehr kosten. Man wird es Ihnen ansehen! Eine Frisur, die nur € 30,00 gekostet hat, erweckt maximal einen frisierten Eindruck. Eine Frisur, die durch perfekten Schnitt, ideale Farbwahl und Strähnchen, die wie naturgegeben aussehen, brilliert, erweckt Aufmerksamkeit und Bewunderung. Man wird Sie gleich viel besser behandeln und Ihnen mehr zutrauen, wenn Sie eine perfekte Frisur haben. Lassen Sie sich beim Nobelfriseur auch gleich über die ideale Pflege zu Hause beraten. Mit Strähnchen oder der leichten Tönung haben Sie schon etwas zu gesund glänzendem Haar beigetragen. Männer mögen Frauen mit dichtem, gesundem, glänzendem Haar. Wenn die Haare lang sind, gibt es Pluspunkte. Lassen Sie Ihre Haare wachsen, und zwar unter der regelmäßigen Betreuung des Nobelfriseurs. Mit langem Haar lassen sich die besten Hochsteckfrisuren zaubern und Sie können sich, selbst wenn Ihre Haare mal nicht gut liegen, immer schnell und problemlos eine elegante Frisur stecken lassen.

Lange Haare lassen Sie niemals im Stich! Sollte es Ihnen mit dem Wachstum zu lange dauern, können Sie durch »Extensions« nachhelfen. Mittlerweile wird diese Möglichkeit in vielen Städten angeboten; fragen Sie den Friseur Ihres Vertrauens danach.

Sollten Sie nach Ihrem ersten Friseurbesuch keine gute Resonanz von Ihrer Familie, Ihren Freunden oder Arbeitskollegen ernten, wechseln Sie den Friseur, es sei denn, Sie vermuten, die anderen seien neidisch oder geschmacklos. Sehen Sie sich beim Friseur die anderen Kundinnen und deren Frisuren an. Sehen die so aus wie die Köpfe der Societyladys aus den Hochglanzmagazinen, sind Sie hier richtig. Wird neben Ihnen gerade eine Minipli-Dauerwelle gewickelt, heißt es: Nichts wie raus!

Regel Nummer 7:
Kleiden Sie sich stilvoll!

Es muss für Sie eine Selbstverständlichkeit werden, bei Top-Designern und Geschäften wie Prada, Chanel, Escada oder Dolce & Gabbana einkaufen zu gehen. Sehen Sie sich die Kleidung in den Boutiquen genau an. Wenn es Ihr Portemonnaie erlaubt, kaufen Sie sich mindestens ein gut sitzendes und unverkennbar mit Designerlabel ausgestattetes Kleidungsstück. Eine klassische Jacke eignet sich hierfür ganz hervorragend. Die kostet zwar ein kleines Vermögen, ist es aber wert. Sehen Sie sich genau an, welche Kombinationsvorschläge der Designer macht. Kombiniert er die unverkennbare Chanel-Jacke beispielsweise mit einem weißen T-Shirt und einem schwarzen Rock oder Hose, gibt es keinen Grund, diese Kleidungsstücke ebenfalls beim Designer zu kaufen. Man kann ebenso gut bei einem der vielen Fabrikverkäufe von z. B. Boss, Dinomoda oder Windsor fündig werden, oder diese Basics bei H&M, Zara oder Mango erstehen. Kaufen Sie aber niemals Jacken oder Jacketts bei Billiganbietern, man sieht es einfach. Kombinieren Sie also zu Ihrer teuren Jacke günstige Hosen, Röcke und Shirts und Blusen. Achten Sie bei preisgünstigen Röcken, Hosen und Kleidern darauf, dass sie gut verarbeitet sind, hierzu gehören ein verdeckt eingearbeiteter Nahtreißverschluss und ein unsichtbarer Saum. Im Schlussverkauf kann man tolle Cashmerestrickjacken kaufen. Eine pastellfarbene, taillierte Cashmerestrickjacke stattet Sie bestens für Wochenendausflüge aufs Land aus. Sollte Ihnen der Einkauf in Luxusboutiquen zu teuer sein, können Sie auch im Internet z. B. bei ebay oder in exklusiven Secondhandläden fündig werden. Achten Sie aber bei Ware aus der Vorsaison darauf, dass es Klassiker sind und man Ihnen nicht ansieht, dass Sie mit abgelegten Designerstücken herumlaufen.

Kleiden Sie sich alterslos modern. Ab einem gewissen Alter sollten Sie Teenieboutiquen meiden, auch wenn ein Outfit aus Schlabberhosen mit dicken Turnschuhen für die »Kids« gerade modern ist. Sie wirken in der falschen, vermeintlich »jungen« Kleidung nicht nur peinlich und gewöhnlich, sondern auch viel älter, als Sie sind, und damit abschreckend! Wenn Sie »als Ganzes« attraktiv erscheinen wollen, dann kommt es auf die gezielte Dosierung der richtigen Kleidungsstücke an. Nehmen Sie sich als Vorbild bekannte Schauspielerinnen Ihres Alters, die in den Frauenmagazinen oft genug abgebildet sind. Bedenken Sie, dass diese Frauen oft einen eigenen Modeberater beschäftigen und deshalb so gut gekleidet sind. Lassen Sie einige bekannte Damen in deren Garderobe auf sich wirken und entscheiden Sie dann, welche Ihnen am besten gefällt. An deren Stil können Sie sich im Weiteren problemlos orientieren, ohne jemals unpassend gekleidet zu sein.

a) Die Gruppe der Frauen um die zwanzig plus

Wenn Sie die passende Figur haben, können Sie bedenkenlos Hüfthosen und Jeans in allen Variationen tragen. Bauchfreie Tops und ultrakurze Minis machen Sie supersexy. Bitte orientieren Sie sich an den Trends aus den Hochglanzzeitschriften Glamour, Instyle, Vogue etc. Damit liegen Sie nie schief. Auch Overkneestiefel und Mikrominis können bei der entsprechenden Gelegenheit (z. B. Szeneparty) ein willkommener Hingucker sein. Geeignete Zeitschriften erkennen Sie daran, dass darin auf nahezu jeder zweiten Seite ausschließlich namhafte Designer werben. Vermeiden Sie, auch wenn es gerade modern ist, den Schlabberlook. Wählen Sie stattdessen lieber alles, was knapp und sexy ist. Enge Pullover, schön tailliert und nicht zu lang (keinesfalls bis zum Po!), witzige T-Shirts mit oder ohne Glitzerlogo, figurbetonte Jacketts oder enge Jeansjacken etc. Achten Sie beim Kauf Ihrer Garderobe darauf, dass Sie in den Sachen nicht zu dick wirken. Alles, was Sie kaufen, sollte Ihnen schmeicheln und Ihre Jugend umspielen. Sollten Sie ein Auge auf einen alteingesessenen, konservativeren Millionär geworfen haben, dann sollten Sie sich dementsprechend kleiden und den sportlich-eleganten Stil dem hippen Modischen vorziehen. Für das Ausgehen in Szenelokalen oder Trenddiscos sind High-Heels ein Must. Sie müssen sexy aussehen, es darf auch gern etwas gewagt sein. Haben Sie keine perfekte Figur? Macht nichts. Suchen Sie Ihre Sonnenseiten und betonen Sie diese ausgiebig! Ein dicker Po findet unter einer schwarzen Hose nicht so viel Beachtung wie unter einer hellen oder grell gemusterten Hüfthose. Vor allem dann nicht, wenn die üppige Oberweite schön tief dekolletiert spazieren getragen wird. Haben Sie keinen großen Busen, dann tragen Sie einfach ein sexy bauchfreies Top und eine tiefe, tiefe Hüfthose. Ihr Bauchnabel wird alle verzaubern und keiner wird Ihre zu klein geratenen Brüste bemerken. Schon gar nicht, wenn Sie Ihre langen Haare lässig offen tragen.

b) Die Gruppe der Frauen um die dreißig plus

Wagen Sie sich ruhig an die neuesten Trends, solange sie zu Ihrem Typ passen. Ideal sind ein bis zwei Highlights vom Designer pro Saison. Ob Ober- oder Unterteil müssen Sie danach entscheiden, wo Ihre Pluspunkte liegen. Haben Sie lange, schlanke Beine, dann können Sie getrost einen witzigen Minirock oder eine Hüfthose tragen, mit oder ohne Muster ist egal, solange Sie gut darin aussehen. Sind Ihre Beine nicht ganz perfekt, tragen Sie lieber unauffällige dunkle Hosen im modischen, schlank machenden geraden Schnitt, ruhig mit leicht ausgestellten Beinen, oder einen schlichten Bleistiftrock; die Vorzeigbarkeit Ihrer Beine bestimmt die Länge. Haben Sie schlanke Fesseln, dann zeigen Sie diese bitte so oft es geht! Männer lieben schlanke Fesseln. Betonen Sie sie mit ausgefallenen Stilettos, die gern auch im Fesselbereich geschnürt sein dürfen, achten Sie darauf, dass Ihre Schuhe grazil sind. Ihr modischstes Teil darf auch lediglich aus einem Top bestehen. Bei einer schönen Oberweite bietet Vivienne Westwood gewagte Korsagen, die Männerherzen höher schlagen lassen! Die im exquisiten Wäschehandel oder im Internet bei namhaften Erotikartikelanbietern erhältlichen guten alten Schnürkorsetts bieten

Ihnen außer einer atemberaubenden Taille auch eine sehr gute Haltung. Ihr Gang wird beim Tragen eines Korsetts automatisch sehr weiblich, der Hüftschwung à la Marilyn Monroe wird quasi gratis dazugegeben. Stöbern Sie in den Boutiquen und entscheiden Sie sich bitte für etwas, dass Sie mit Ihrer übrigen Garderobe kombinieren können. Kaufen Sie sich Twinsets, Lang- und Kurzarmpullis aus Kaschmir oder Seide oder aus beidem. Diese hochwertigen Teile werden Sie bei entsprechender Pflege länger besitzen als Ihr Auto.

c) Die Gruppe der Frauen ab vierzig plus

Die Zeit der gewagten Spielchen ist vorbei. Ihre Garderobe sollte elegant und dezent sein. Vermeiden Sie also knallige Farben und schreiende Muster. Wählen Sie ausschließlich edle Materialien wie Wolle, Seide, Leder, Leinen oder Cashmere. Kunstfasern sind wegen des hohen Schwitzfaktors tabu. Sie dürfen auch ruhig noch Jeans tragen, achten Sie aber darauf, dass diese nicht ausgefranst oder zu gebleicht sind, sie müssen edel aussehen. Falls Sie noch nicht im Besitz einer Luxus-Handtasche sind, sollten Sie sich jetzt endlich eine zulegen. Sie sollte aus Leder sein und zu Ihren Schuhen passen. Sollten Ihre Füße keine 10 cm Stilettos ertragen, weichen Sie auf Pumps mit weniger Absatz aus. Achten Sie bei der Auswahl der Schuhe aber immer auf perfekten Sitz und Klasse. Plastikschuhe mit Plastiksohlen sind ausgeschlossen. Der Schuh sollte Ihre Beine optisch verlängern. Ihre Accessoires und Ihr Schmuck sollten auf den ersten Blick Ihre Stilsicherheit erkennen lassen. Legen Sie sich eine Luxus-Sonnenbrille, die zu Ihrem Gesicht passt, zu. Auch und gerade für die Frauen ab vierzig gilt: Zeigen Sie Ihre Sonnenseiten, egal ob Bein, Dekolleté, Schultern, Po oder Haare.

Ein auffällig zurechtgepushter Busen, runde nackte Schultern, volle und lange Haare, schöne Beine mit tollen Schuhen machen Ihr Alter unwichtig. Und schöne Beine und ein toller Busen sind für jeden Mann ein Hingucker. In schicker und eleganter Garderobe fallen Sie immer auf.

Für alle Altersgruppen gilt: Große Sorgfalt bei der Auswahl …

(**a**) der richtigen **Strümpfe**. Strümpfe sind zwar unpraktisch, aber viel sexyer als Strumpfhosen. Jeder Mann verliert bei Strümpfen den Verstand. Mit diesem Wissen fühlen Sie sich unglaublich sexy, selbst wenn die meisten Männer Ihre Strapse gar nicht zu Gesicht bekommen. Wichtig ist, dass Sie sich sagen können: »Wow, bin ich sexy!«. Wer sich sexy fühlt, der bewegt sich auch so, und wer sich sexy bewegt, vermittelt es auch den Männern! Wählen Sie ausgefallene Strümpfe, z. B. Netzstrümpfe oder solche mit Naht. Tagsüber sollten Sie Netzstrümpfe allerdings nur in dezenten Farbtönen tragen, z. B. hautfarben. Schwarze Netzstrümpfe sind abends immer richtig.

(**b**) der richtigen **Dessous**. Gehen Sie in eines dieser sündigen Dessousgeschäfte und stöbern Sie nach Herzenslust. Für jede Figur ist hier das Richtige dabei! Ob Body, Corsage, Torselett oder der Klassiker BH und Höschen mit passendem Strapsgürtel entscheiden Sie. Sie können auch andere Strumpfhalter wählen, es gibt mittlerweile nicht mehr nur in Sexshops eine herausragende Auswahl an sexy Strumpfhaltern. Der Phantasie sind keine Grenzen gesetzt. Probieren Sie sich durch und entscheiden Sie sich für das, was Ihnen am besten steht. Frauen mit kleinem Busen sollten unbedingt BHs mit Einlagen wählen, Wonderbras oder BHs mit Luft- oder Gelfüllung machen ein atemberaubendes Dekolleté! Diejenigen mit einer schön großen Oberweite brauchen derlei Tricks natürlich nicht. Wählen Sie transparente BHs aus hochwertiger Spitze, bei denen Mann erahnen kann, was drunter steckt! Das Gleiche gilt für die Höschen. Männer lieben durchsichtige Spitze! Wenn Ihnen die komplette Kollektion von LaPerla zu teuer ist, sehen Sie sich ruhig bei H&M, Zara oder Jean Pascal um. Dort gibt es mitunter gute Kopien von LaPerla oder Dolce & Gabbana Unterwäsche zu kleinen Preisen. Probieren Sie die Teile aber unbedingt vorher an und überzeugen Sie sich von einem perfekten Sitz. Alles andere wäre Geldverschwendung.

Regel Nummer 8: Nie ohne erkennbare Designeraccessoires!

Mit den richtigen Accessoires signalisieren Sie, dass Sie dazugehören, und verschaffen sich Eintritt in jedes noch so stark einlasskontrollierte Szenelokal. Für relativ geringen finanziellen Einsatz können Sie mit auffälligen Designeraccessoires mühelos in der Millionärsriege mitspielen. Hierzu gehören z. B. Sonnenbrillen, Gürtel, Hals- und Kopftücher, Schals, Hand- und Reisetaschen, Schuhe, Schlüsselanhänger und Schmuck.

Kaufen Sie sich eine modische Designersonnenbrille, die Ihnen gut steht. Lassen Sie sich bei einem guten Optiker beraten und kaufen Sie Ihr auserkorenes Lieblingsmodell dort oder direkt in der Designerboutique. Einen hohen Wiedererkennungswert haben Brillen von Chanel oder Gucci. Im Verhältnis zu den sonstigen Accessoires dieser Designer sind sie relativ preisgünstig. Bei Sonnenlicht auf der Nase oder am Abend statt Haarreif locker ins Haar gesteckt gehören Sie damit optisch schon zum Zirkel der Upper Class.

Bei der Wahl der richtigen Handtasche sollten Sie ebenfalls nicht sparen. Soll es eine sein, die zu allen Gelegenheiten passt, empfehlen wir den Besuch bei Louis Vuitton, Tod's oder Prada. Wenn Ihnen das Louis-Vuitton-Logo, das garantiert jede Trägerin als reiche Societylady kennzeichnet, zu auffällig ist (Schlagwort Understatement), finden Sie bei Tod's, Prada oder Jil Sander die richtige Tasche. Unverzichtbar für Damen der Gesellschaft ist der gute alte Dauerbrenner Hermès-Tuch. Ob als taschentuchgroßes Pochette niedlich um den Hals geknotet oder als großzügiges Carré in unzähligen Faltmöglichkeiten um den Körper geschlungen, Sie zeigen mit einem solchen Tuch Ihr untrügliches Stilgefühl. Bei Hermès erhalten Sie die schönsten und hochwertigsten Seidentücher in unverkennbaren Mustern und unnachahmlicher Qualität. Wenn schon Tuch, dann ausschließlich Hermès! Gönnen Sie sich einmal den Luxus eines solchen Tuchs, werden Sie automatisch zur Sammlerin und außerdem werden Ihre Begleiter nie ernsthafte Probleme haben, das richtige Geschenk für Sie zu finden.

Sie sollten auch unbedingt in einen guten Gürtel investieren. Auch hier bietet Hermès ein klassisches Luxusobjekt, in das Sie einmal investieren und es Ihr Leben lang mit Freude tragen werden. Es handelt sich um den Wendegürtel in der Farbe schwarz/beige mit der goldenen oder silbernen H-Schnalle. Er liegt preismäßig ebenso wie die Tücher im dreistelligen Bereich und ist es wert. Im Grunde genommen benötigen Sie nur diesen Gürtel und sonst keinen, da ersich zu allem einsetzen lässt! Bei der Wahl der Schnallen-Farbe orientieren Sie sich an Ihrer übrigen Garderobe und Schmuck.

Nicht so wichtig, aber in jedem Fall auffällig ist ein schöner Schlüsselanhänger. Kaufen Sie sich ein Luxusmodell von Chanel oder Prada. Die Qualität lässt zwar zu wünschen übrig, erinnert Sie aber täglich mehrmals an Ihr großes Ziel und ist es deshalb wert!

Informieren Sie sich in den Luxusboutiquen nach Haaraccessoires mit sichtbaren Logos. So sieht man bereits an Ihrem Kopf, dass Sie sich in der Preisklasse der Oberen bestens auskennen, und denkt automatisch, Ihr weißes H&M T-Shirt sei von Jil Sander.

So ausgestattet fehlen Ihnen nur noch die richtigen Schuhe. Sie brauchen mindestens zwei Paar. Unverzichtbar ist eine Ledersohle. Wenn Sie ein Auge für schöne Schuhe haben, können Sie durchaus in günstigen Schuhgeschäften fündig werden; mittlerweile gibt es viele gute spanische Schuhkopisten. Achten Sie auf gute Qualität. Orientieren Sie sich an Modellen von Tod's, Prada oder Hogan bei der Wahl des Freizeitschuhs und an den unbezahlbaren supersexy Modellen von Manolo Blahnik oder Jimmy Choo bei der Wahl des Ausgehschuhs.

Regel Nummer 9:
Machen Sie eine gute Figur!

Frauen, die kurze oder dicke Beine haben oder kleiner sind als 160 cm, müssen mindestens 10 cm hohe Absätze tragen, und zwar auch in der Freizeit, um eine gute Figur zu machen. Sorry, das heißt also, auch die ausgiebigen Spaziertouren in gekrümmter, den gefürchteten Hallux valgus begünstigender Fußhaltung zu absolvieren. In guten Schuhgeschäften gibt es schicke Stiefel mit hohem Absatz, die dennoch einigermaßen bequem sind. Die sehen sportlich genug aus, dass keiner lacht, wenn man damit Fahrrad fährt, und schick genug sind sie trotzdem. Frauen jenseits der 180 cm dürfen nur zu besonderen Anlässen High-Heels tragen, denn sonst überragen sie die meisten Millionäre. Männer finden Frauen, die größer sind als sie selbst, nur selten langanhaltend toll. Wenn Sie etwas zu füllig sind oder eine durchgehende Figur ohne Taille haben, sind die zurzeit angesagten Schnürkorsetts genau das Richtige. Ist der Busen zu klein, hilft in den meisten Fällen der gute alte Wonderbra über die erste Hürde hinweg. Gut sind auch die mit Wasser, Luft oder Gel gefüllten BHs, die einem ohne großes Dazutun eine beachtliche Oberweite bescheren. Die Einlagen aus Silikon sind nicht sehr empfehlenswert. Zum einen werden Sie am Körper unangenehm warm und fangen dann an zu verrutschen, so dass man ständig auf den perfekten Sitz achten muss, was zu Schwierigkeiten führen kann, wenn man eine Tasche unter den Arm geklemmt hat. Zum anderen ist die Vorstellung, dass dem Mann, der einem nach einigen Dates den BH spannungsgeladen öffnet, plötzlich zwei fleischfarbene glitschige Plastikkissen vor die Füße fallen, nicht gerade angenehm. Bedenken Sie, wie peinlich es wäre, wenn Ihnen diese Teile in der Disco beim Tanzen aus dem

BH rutschten und auf der Tanzfläche lägen ... Also vergessen Sie die Plastikkissen.

Männer lieben String-Tangas, allerdings meist nicht an ausladenden Cellulitis-Hintern. Entweder ziehen Sie also über den String eine bodyformende Strumpfhose oder eine Wonderpo-Unterhose, oder Sie wählen eine andere Form unsichtbarer Slips ohne Naht etc. Die gekauften Dessous ziehen Sie dann zu Hause vor dem eigenen Spiegel nochmals an, am besten – wie im Ernstfall – bei schummriger Kerzenbeleuchtung. Meist sieht man dann bedeutend weniger Fettpölsterchen und Cellulitis als zuvor in der Umkleidekabine. Ihrem Liebsten werden Sie sich ohnehin nicht bei Neonlicht präsentieren, also können Sie darauf vertrauen, dass Ihre Kerzenlichtfigur diejenige ist, auf die es ankommt.

Mit der richtigen Wäsche kann man heutzutage über alle Problemzonen hinwegtäuschen. Es gibt mittlerweile sogar Miederhemdchen, die eine nicht vorhandene Taille formen oder einen Bauch wegzaubern, so dass Sie selbst in hautengen T-Shirts eine schlanke Figur machen! Kleine »Reiterhosen« kann man mit Miederhosen in Form quetschen.

Bei einem ernsthaften Leiden unter den körperlichen Makeln sollte eine Operation ruhig in Betracht gezogen werden, denn sie kann seelisch einiges zum Aufbau Ihres Bewusstseins und Ihrer Selbstliebe beitragen. Wenn Ihr Glück also davon abhängt, dass Sie schöne Beine, gerade Füße oder einen großen Busen haben, dann sparen Sie den entsprechenden Geldbetrag zusammen, lassen sich von mehreren renommierten Schönheitschirurgen beraten und legen sich bei Bedarf unters Messer.

Eine Brustvergrößerung ist bspw. das einzig wirklich wirksame Mittel für eine beachtliche Oberweite, die nicht den Gesetzen der Schwerkraft unterliegt. Silikonbrüste sehen umwerfend aus und haben den Vorteil, dass man ohne BH Männer zum Sabbern bringt.

Achten Sie bitte unbedingt bei der Wahl Ihres Schönheitschirurgen auf das entsprechende Renommé. Sparen Sie hier nicht am falschen Fleck, sondern wählen Sie lieber den teuren Chirurg mit der längsten Erfahrung und den meisten Weiterbildungen, deren Zertifikate meist an seinen Bürowänden hängen. Sie wollen doch nicht aus der Narkose aufwachen, um festzustellen, dass Sie jetzt auch unter den Achseln Brüste haben.

Ihr Arzt sollte sich ausreichend Zeit nehmen, um Sie über Möglichkeiten und Risiken aufzuklären. Wählen Sie für Ihre OP, sofern sie geheim bleiben soll, die Urlaubszeit und tauchen Sie für einige Tage unter. Bei einer bevorstehenden Brustvergrößerung sollten Sie die Augen Ihrer Umgebung an die zu erwartende Vergrößerung durch das regelmäßige Tragen von Mogelpackungen gewöhnen, um argwöhnische Blicke zu vermeiden. Bei Beinoperationen können Sie ebenfalls schon Wochen vorher mit dem Tragen entsprechender Unterwäsche beginnen und bevorzugt lange Hosen tragen, damit Ihre Problemzonen gar nicht erst auffallen. Wenn Sie hinterher mit Röcken herumlaufen, wird man Sie höchstens fragen, weshalb Sie mit den tollen Beinen nicht schon viel eher Röcke getragen haben.

Regel Nummer 10: Benehmen Sie sich!

Unbedingtes Muss, um auf dem gesellschaftlichen Parkett mithalten zu können, ist tadelloses Benehmen. Das heißt, Sie sollten die Regeln der Gesellschaft kennen und mit ihnen spielend umzugehen wissen. Abgesehen von der Fähigkeit des belanglosen Smalltalk sollten Sie noch wissen, wer wann wen wem vorstellt, bei bis zu wie vielen Personen eine Einzelbegrüßung angesagt ist und wie Sie ein Menü mit mehreren Gängen ohne Peinlichkeiten überstehen. Wenn Sie all das bereits wissen oder es schon oft beobachtet haben, beispielsweise live bei anderen oder im Fernsehen (sicher kennt jede von uns den Film »Pretty Woman« mit der Restaurantszene und dem vielen Besteck!), dann sollten Sie versuchen, das bisher Erlernte in die Tat umzusetzen. Wenn Sie sich nicht so sicher sind, kaufen Sie sich am besten einen Knigge der aktuellen Ausgabe und studieren ihn. Die gute alte Regel bei Tisch »Von außen nach innen« kennen Sie sicher. Was aber tun Sie, wenn Sie einen Gang ausfallen lassen, weil Sie zum Beispiel keinen Fisch mögen? Sie sollten dann wissen, welches Besteckteil hierfür vorgesehen ist, damit Sie nicht aus Versehen das Fleischmesser beiseite legen. Gleiches gilt übrigens für die Gläser. Sie sollten nicht nur wissen, in welcher Reihenfolge man das Besteck bei einem Mehr-Gänge-Menü benutzt, sondern auch wie man einen Tisch deckt, d. h. mit den richtigen Gläsern und dem richtigen Besteck etc. Ihr zukünftiger Millionär will schließlich, dass Sie als Hausherrin die Bediensteten gut im Griff haben, und dazu gehört nun einmal auch, dass man es selbst weiß. Ihre Tischmanieren und Ihre Haltung müssen tadellos sein. Kauen Sie niemals mit offenem Mund, halten Sie Ihr Besteck stets nach unten und legen Sie niemals Ihre Ellenbogen auf den Tisch, das sieht vulgär aus. Führen Sie das Besteck zum Mund und nicht umgekehrt. Sitzen Sie gerade, die Arme eng an den Körper angewinkelt. Tun Sie das nicht nur, wenn Sie in Gesellschaft essen, sondern auch abends, wenn Sie allein zu Hause sind und Ihren Salat essen. Je mehr Ihnen ausgefeilte Tischmanieren in Fleisch und Blut übergehen, desto geringer ist die Möglichkeit eines Fehltritts. An Ihren Tischmanieren erkennt der Millionär sofort, ob sie bisher eher im Gourmettempel zu Gast waren oder in der Frittenschmiede nebenan.

Sie sollten auch wissen, dass eine Frau keine Flaschen, sei es Wein oder Champagner, öffnet. Das ist immer Aufgabe des Mannes. Bei den Normalos sind es ja auch immer die Männer, die am Grill stehen. Das gilt natürlich nur für den Genuss dieser Getränke zu Hause, im Restaurant übernimmt das selbstverständlich der Kellner. Schenken Sie sich aber auch im Restaurant niemals selber nach, das ist Aufgabe des Mannes oder des Kellners.

Sollten Sie immer noch rauchen, so lassen Sie sich die Zigaretten immer von ihm anzünden. Notfalls müssen Sie die Zigarette eben eine Zeitlang im Mund lassen, bis er sein Dupont-Feuerzeug gezückt hat, um Ihnen behilflich zu sein.

Lassen Sie sich vom Mann aus dem Mantel helfen – Sie müssen ihm natürlich die Gelegenheit dazu geben, d. h. nicht gleich aus dem Mantel gleiten, sobald Sie mit ihm ein Lokal betreten haben, sondern warten, bis er sich Ihnen nach Zuweisung des Tisches durch den Kellner widmet! Ebenso ist er derjenige, der Ihnen die Tür aufhält und Ihnen Einlass gewährt. Auch hier müssen Sie ihm die Möglichkeit lassen! Das heißt also, nicht vorrennen und selbst den Türgriff anfassen, sondern stehen bleiben, bis er es tut. Der Mann hilft Ihnen außerdem auf Ihren Stuhl. Sollte es nicht Ihr Liebling tun, so wird es der Kellner tun. Schauen Sie ihn dann bitte nicht verdutzt an, sondern lassen Sie sich führen.

Außerdem sollten Sie die Kunst des Smalltalks beherrschen! Dieses oberflächliche, leichte Geplauder ist herrlich simpel und Sie zeigen damit Societyfestigkeit und Gesellschaftstauglichkeit. Nichts anderes wird auf Empfängen, Partys, Bällen usw. von Ihnen erwartet. Die seichte Unterhaltung gibt Ihnen die Chance, offensiv auf andere zuzugehen.

Einige einfache Regeln sollten Sie dabei auf jeden Fall einhalten, um nicht zum unbeliebten Stimmungstöter zu mutieren.

Lassen Sie Ihr Zielobjekt regelmäßig ausreden und beenden Sie nicht seine Sätze mit eigenen Worten. Sie wollen doch zeigen, dass Sie eine gute Zuhörerin sind und keine besserwisserische Ziege.

Bewahren Sie bitte stets Blickkontakt! Sollte er nicht in Ihre engere Wahl kommen, dann erzählen Sie ihm lachelnd, dass Sie noch mit der Gastgeberin sprechen müssten, und ziehen sich höflich zurück.

Liegt er auf Ihrer Wellenlänge, sollten Sie mit ihm lachen, aber nicht über andere. Er kann nicht wissen, dass er nicht der Nächste ist, der von Ihnen durch den Kakao gezogen wird.

Ebenso wenig sollten Sie prahlen. Vielmehr sollte Ihre elegante Erscheinung für sich sprechen. Bedenken Sie: Geld ist kein Thema (kein Geld allerdings auch nicht!), ebenso wenig wie Krankheiten, Tod, Kriege, Seuchen, Neid, Missgunst und dergleichen.

Geeignete Themen hingegen sind solche, die Lächeln und eine positive Stimmung fördern wie das Wetter, Urlaub, Sport, Autos, Essen oder Kunst. Ob sich Politik als Thema eignet, machen Sie bitte vom Anlass und den Gesprächspartnern abhängig. Auf einer politischen Veranstaltung, z. B. einer Wahlparty, ist dies sicher ein willkommenes Thema, auf einer anderen Veranstaltung ist Vorsicht geboten. Gerade, wenn Sie Ihr Gegenüber politisch nicht richtig einschätzen, können Sie ihn schnell vergraulen.

Vermeiden Sie Fettnäpfchen, d. h., sprechen Sie z. B. nicht vom Kaloriengehalt des Canapés, das sich Ihr übergewichtiger Gesprächspartner in den Mund schiebt. Loben Sie ihn stattdessen für die Wahl seiner Krawatte oder den tollen Vortrag.

Regel Nummer 11: Seien Sie eine Sexbombe!

Wenn Sie es so weit bringen, Ihren Millionär von Ihren sexuellen Fähigkeiten zu überzeugen, haben Sie so gut wie gewonnen. Ziel ist es, ihn sexuell hörig zu machen, dann können Sie alles von ihm haben. Was nicht heißt, dass Sie sofort mit ihm ins Bett hüpfen sollen! Lassen Sie sich Zeit, um es ihm dann beim ersten Mal so richtig zu besorgen. Machen Sie ihn ruhig schon vor dem ersten Mal durch Verbalerotik scharf. Sollten Sie nicht genügend Phantasie haben, gehen Sie in eine Buchhandlung und kaufen Sie sich »Fachliteratur«. Es gibt etliche Bücher über die sexuellen Phantasien von Frauen und Männern, die Ihnen reichlich Ideen für Ihren dirty Sextalk liefern.* Flüstern Sie Ihrem Liebsten zum Beispiel beim dritten oder vierten Date im Vier-Sterne-Restaurant ins Ohr, dass Sie heute keinen Slip tragen, da Sie ein luftiges Gefühl in allen Bereichen genießen wollen, dann ist

* Lesetipp: Dan Anderson, Maggie Berman: Ein Schwuler verrät seiner besten Freundin, was Männer wirklich antörnt; Eichborn 2000.

Ihnen seine sofortige Erektion garantiert. Sagen Sie ihm dann noch, dass er Sie so sehr anmacht, dass Ihre Slips bisher nach jedem Date wringnass waren und Sie sich schon auf die Zeiten freuen, in denen Sie sich körperlich vereinigen werden, sooft sie wollen, und dass Sie ab da niemals mehr Slips tragen werden, um jederzeit bereit zu sein, dann wird er richtig verrückt und das Wasser wird ihm im Munde zusammenlaufen. Vertrauen Sie ihm, nachdem Sie eine gewisse vertrauliche Gesprächsebene erreicht haben, Ihre geheimsten Sexwünsche an und bitten Sie ihn, Ihnen die seinen zu offenbaren, damit Sie ihn beim ersten Mal richtig bedienen können. Diesen Moment wird er dann kaum mehr erwarten können – und trotzdem sollten Sie ihn so lange wie möglich hinauszögern. Das macht ihn scharf und gibt ihm gleichzeitig die Gewissheit, dass Sie keine Frau sind, die mit jedem sofort ins Bett springt. Er soll das Gefühl haben, in Ihnen eine Heilige mit größtem Spaßfaktor gefunden zu haben. Sie können dirty Talks etwa so beginnen: »Ich habe in der heutigen Vogue (oder noch seriöser: in der Tageszeitung) einen Artikel darüber gelesen, dass 90 % der Männer es lieben, oral befriedigt zu werden. Glaubst Du, das stimmt?« Daraufhin wird er erstaunt schmunzeln und sehr neugierig sein, wie Ihre Ansicht zu dieser Frage ist. Fragen Sie weiter: »Viele sehen darin einen angeborenen Erniedrigungszwang der Männer gegenüber uns Frauen. Ich finde das Quatsch. Einen Mann, den man liebt, möchte man doch so gut wie möglich befriedigen, außerdem stelle ich mir die orale Befriedigung eines Mannes auch sehr lustvoll für die Frau vor ...«.

Erwarten Sie nach einem solchen Satz besser keine Antwort von Ihrem Gegenüber, denn sein Kopf ist blutleer und mit seinem Schoß kann er nicht sprechen. Sein Herz wird immer kräftiger nach Ihnen schlagen und Sie werden ihn bald ganz auf Ihrer Seite haben; andere Frauen wird er nicht mehr wahrnehmen, vor allem, wenn Sie während des Dialoges lustvoll an etwas Essbarem wie zum Beispiel einer Olive, Erdbeere oder Kirsche knabbern. Es bietet sich daher an, dieses Gespräch auf den Nachtisch bzw. Digestif zu legen. Ihr Liebster wird gebannt an Ihren Lippen hängen und ganz sicher noch an diesem Abend eindeutige Annäherungsversuche machen, die Sie natürlich – auch wenn es noch so schwer fällt – abwehren müssen. Sie müssen ihm noch mindestens an zwei weiteren Abenden erotische Geschichten erzählen, um sich in seine Phantasien einzumeißeln.

Weil Männer Frauen nicht gerne teilen, wollen sie auch am liebsten eine Frau, die noch nicht viele Partner hatte. Männer brauchen einfach dieses Gefühl, dass sie der Erste sind, der es Ihnen richtig gezeigt hat. Sie wollen Ihr Meister sein. Sollten Sie also mehr als fünf Sexualkontakte mit unterschiedlichen Partnern vorzuweisen haben, tun Sie gut daran, diese zu verschweigen. Sollten dann Ihre beachtlichen Qualitäten auf horizontaler Ebene gelobt werden, lassen Sie sich einfach als Naturtalent bewundern und Sie werden sich seiner Dankbarkeit und seines andauernden Respekts sicher sein. Geben Sie ihm, auch wenn er von vorherigen Kontakten weiß, immer das Gefühl, dass er es am besten kann, dass er der Erste ist, der Sie zum Orgasmus gebracht hat (auch wenn das gelogen ist), es wirkt garantiert. Beim Sex muss es Ihr Ziel sein, ihm das Gefühl zu geben, der Größte und Einzigartigste zu sein. Machen Sie ihn sich hörig. Sie haben sicher schon viel gehört und gelesen über die Beziehung eines Mannes zu seinem »besten Stück«. Es stimmt tatsächlich, Männer betrachten ihr »erektiles Begattungszäpfchen« (treffende Wortschöpfung von Roger Willemsen) als das Schönste, was Gott ihnen geschenkt hat. Sie personifizieren den kleinen Kerl und sehen ihn als ihren besten Freund an. Ihre Aufgabe ist es, genau dasselbe zu denken bzw. so zu tun, als ob Sie es denken. Sein bestes Stück muss also auch Ihr bestes Stück werden. Entweder Sie haben kein Problem damit und wissen, wie es tatsächlich zum erfreulichen Stück für Sie werden kann, oder Sie müssen es lernen. Lernen Sie, ihn anzufassen. Tun Sie's einfach, wenn Ihnen danach ist. Seien Sie fordernd, aber behutsam. Denken Sie immer daran, dass sein bestes Stück ein Körperteil und kein Schaltknüppel ist. Ein zu heftiges Reißen oder Drücken verzeiht Ihnen der kleine Kerl nie! Versuchen Sie einfach, ein Gefühl für »ihn« zu entwickeln, und lassen Sie Ihren Gefühlen freien Lauf, dann kann eigentlich nichts schief gehen. Versuchen Sie, sich in den Mann hineinzudenken, und stellen Sie sich vor, das »Ding« wäre Ihres. Wie würden Sie eine solche Kostbarkeit berühren und liebkosen? Sehen Sie, mit ein bisschen Fantasie wird auch das In-die-Hand-Nehmen ein Erfolg.

Dabei bleibt es natürlich nicht. Haben Sie Ihren Liebsten erst einmal davon überzeugt, dass Sie »ihn« genauso anfassen wie er selbst, dann gilt es, andere Geschütze aufzufahren. Bisher haben Sie ihm nicht das Gefühl gegeben, unentbehrlich zu sein, Sie haben ja nichts anderes getan als das, was er vermutlich selbst jeden Tag mit sich tut. Jetzt kommen Sie zum Fellatio, zum Beweis Ihrer mündlichen Fähigkeiten. Alle, die es können und gerne tun, können diese Stelle getrost überspringen. Alle anderen tun gut daran, sich ekelige Gedanken an das Würstchen im Mund zu vertreiben. Bedenken Sie, es geht hier um eine Sache, die er nicht selbst tun kann. Sie haben also echte Chancen, ihn zu binden und hörig zu machen, wenn Sie gut sind. Jeder Mann liebt den Fellatio und wünscht sich im Bett nichts sehnlicher als eine Frau, die seinen Lümmel freiwillig in den Mund nimmt. Wussten Sie, dass die Verweigerung des Fellatio durch Ehefrauen der häufigste Grund für einen Bordellbesuch ist? Eine sexuell intakte Beziehung ist übrigens der beste Garant gegen einen Seitensprung. Gewöhnen Sie sich an, ihn in den Mund zu nehmen. Sie können ihn zur Eingewöhnung erst mit der herausgestreckten Zunge kitzeln, die Eichel ist besonders empfindlich. Dann umschließen Sie die Eichel mit Ihren Lippen und drücken Ihre Zunge fest an »ihn«. Sie lecken so mit geschlossenen Lippen auf und ab, Sie dürfen auch gern Ihre Hände helfend hinzunehmen, wenn Sie ihn nicht vollständig in den Mund kriegen, ohne Brechreiz zu bekommen. Saugen und lecken Sie intensiv genug an seiner Eichel herum, dann merkt er meist gar nicht, dass Ihre Hände mit im Spiel sind. Stellen Sie sich einfach vor, der kleine Kerl wäre Ihr Lieblingseis am Stiel, und schlecken Sie nach Herzenslust daran herum.

Für viele Männer stellt es einen zusätzlichen Reiz dar, wenn die Frau währenddessen ein scharfes Pfefferminzbonbon lutscht, das lässt die Eichel anschwellen und noch empfindsamer werden. Ebenso stehen viele Männer darauf, wenn Sie während des Saugens »mmmh« brummen, denn das gibt einen zusätzlichen Vibrationskitzel.

Die übrigen sexuellen Praktiken ergeben sich meist im Zusammenspiel. Männer finden Frauen toll, die im Bett Spaß haben. Sie sollten also etwa vorhandene Hemmschwellen, die Sie gegenüber Ihrem eigenen Körper hegen, ganz schnell ablegen. Generell gilt, wenn Sie wissen, was Ihnen sexuell Spaß macht und Befriedigung bringt, dann hat auch Ihr Partner Spaß an Ihnen. Eine erregte und befriedigte Frau ist der garantierte Scharfmacher für Männer. Zeigen Sie ihm ruhig, wie erregt Sie sind, indem Sie ihm einen intensiven Blick auf Ihr Heiligtum gewähren. Spreizen Sie die Beine und lassen Sie ihn sehen, wie bereit Sie sind. Sie können ihm dabei auch gern mit Ihren gepflegten Füßen das Glied massieren, das wird er lieben! Ergibt sich eine gewisse Vertrauensbasis, dann können Sie auch einen »Stümper« bedenkenlos einweisen und ihm zeigen, was Sie sich von ihm wünschen. Achten Sie dabei aber stets darauf, es auf spielerische Art zu tun, seien Sie niemals verletzend oder besserwisserisch. Sie müssen ihm ja nicht sagen, dass Sie kein Flipperautomat sind, wenn er Sie so ganz und gar nicht gekonnt anfasst. Nehmen Sie dann einfach seine Hand und führen Sie ihn oder halten Sie seine Hand hoch, während Sie ihm mit Ihrer anderen Hand zeigen, wie »mann« es richtig macht. Kein Mann hat etwas dagegen, wenn Sie die Initiative in die Hand nehmen und sich beispielsweise auf ihn setzen, um dann mit rhythmischen Bewegungen zum Orgasmus zu kommen. Meist ist es leichter für die Frau, so zu kommen. Ist er erst mal von Ihrer Lust überzeugt, wird er sich echte Mühe geben, Sie zu befriedigen.*

Sollte es mit der Befriedigung trotz all dieser Versuche bei Ihnen nicht klappen, dann tun Sie wenigstens so und geben Sie ihm das Gefühl, dass er Sie zum Orgasmus gebracht hat.

* Lesetipp: Sandra Maravolo: Eine Frau verrät ihrem besten Freund, was Frauen wirklich antörnt; Eichborn 2003.

Und das ruhig mehrmals. Das steigert sein Selbstwertgefühl und erfüllt seine Wunschvorstellung, ein guter »Deckhengst« zu sein.

Männer sind immer wieder fasziniert von Frauen, die sie vaginal massieren können. Sie können Ihrem Partner und sich selbst enorme Freude im Bett schenken, indem Sie Ihren Beckenbodenmuskel täglich trainieren. Pressen Sie einfach die Muskeln zusammen, als wollten Sie beim Wasserlassen den Fluss stoppen. Zählen Sie bis zehn, lassen Sie wieder locker und wiederholen Sie. Das ist sogar beim Autofahren, im Kino oder sonstwo möglich, ohne dass es jemand merkt. Bereits nach kurzer Trainingsphase ist Ihr Muskel so trainiert, dass Sie mit den viel umschwärmten Künsten einer Japanerin konkurrieren können. Setzen Sie sich langsam auf seinen erigierten Penis und pressen Sie Ihre Vaginallippen um ihn. Ziehen Sie Ihren Muskel mehrmals zusammen und Sie werden erstaunt sein, welche Wirkung das auf Sie und ihn hat! Ihre Orgasmusprobleme gehören ab da jedenfalls der Vergangenheit an.

Noch eins: Seien Sie im Bett gepflegt und ansehnlich. Verdrängen Sie Hemmungen wegen unförmiger Körperpartien durch geschicktes Kaschieren, beispielsweise mit einem frech geschlitzten Seidennegligée oder mit einer Strumpfhose, die im Schritt offen ist. Ihrer und seiner Phantasie sind keine Grenzen gesetzt! Wer hat denn gesagt, dass man im Bett keine Schuhe anziehen darf? Viele Männer finden es scharf, wenn Frauen ihre sexy High-Heels beim Liebesspiel anlassen, solange sie nicht in einem Luft- oder Wasserbett turnen. Ein kleiner Busen sieht in einem Push-up-BH auch während des Wippens verlockend groß aus, also lassen Sie ihn einfach an, ziehen Ihre Nippel ein Stück heraus und lassen Sie ihn daran saugen, nachdem Sie selbst zuvor vor seinen Augen daran gedreht und gekniffen haben, um sie hart zu machen. Was Sie anlassen oder ausziehen sollen, werden Sie schnell feststellen, wenn Sie sich beim Liebesspiel gegenseitig ausziehen. Macht er sich nicht an Ihren Strümpfen oder Schuhen zu schaffen, dann lassen Sie sie gefälligst an. Haben Sie Mut und Spaß, dann kann nichts schief gehen.

Gehen Sie spielerisch und lustvoll mit Ihrem eigenen Körper um, lernen Sie, auch Ihre Schwachstellen zu lieben, dann wird auch Ihr Partner sie lieben und verwöhnen wollen!

Aber Achtung: Heutzutage sind viele Millionäre tagtäglich enormen Stresssituationen und Leistungsdruck ausgesetzt. Das kann dazu führen, dass sie den üblichen Sex-Vorstellungen abweichende Neigungen haben. Beschränken Sie also das, was Sie als pervers und inakzeptabel empfinden, auf das Minimum (Pädophilie, Sodomie und Nekrophilie). Alles, wirklich alles andere ist erlaubt und Sie sollten Ihrem Traumprinzen zuliebe versuchen, Spaß daran zu haben. Schrecken Sie nicht angewidert zurück, wenn er sich Ihnen in Frauenkleidung präsentieren möchte oder sich fesseln lassen will und mit Kerzenwachs und Handschellen in SM-Kleidung experimentieren will. Probieren Sie es aus, vielleicht macht es Ihnen ja sogar Spaß! Lassen Sie ihn nicht in dem Glauben, dass seine Wünsche abartig sind, das würde ihn nur zu einer Prostituierten treiben. Diese Aufgabe übernehmen Sie ab jetzt. Sie sollen ihm die heiligste Hure sein, sein größter Wunsch soll es sein, sich mit Ihnen sexuell zu vergnügen. Also müssen Sie lernen, seine Wünsche als willkommene neue Spielart kreativ umzusetzen, anstatt ihn als Perversling abzuweisen. Lernen Sie für ihn, in andere Rollen zu schlüpfen, wenn nötig.

Fragen Sie ihn, wenn Sie irgendwann einmal zusammenleben, bei seiner Ankunft zu Hause nach einem langen Arbeitstag, ob er lieber zuerst essen möchte oder eine mündliche Behandlung wünscht. Sicher wird er das nicht jeden Tag wollen, aber allein der Gedanke lässt ihn nach getaner Arbeit immer wieder gern nach Hause kommen. So wird er Ihre Anwesenheit stets der Begegnung mit anderen Menschen vorziehen!

Regel Nummer 12:
Ändern Sie Ihren Freundeskreis!

Suchen Sie sich gezielt Menschen aus, die sich wie selbstverständlich auf dem Parkett der Reichen und Schönen bewegen. Sie finden diese Menschen in Szenebars und Kneipen. Versuchen Sie, mit den hübschen Frauen in Kontakt zu kommen, und ködern Sie ihr Vertrauen, indem Sie ihnen Komplimente machen. Meist sind dies Frauen, die sich ihrer Schönheit und ihres »Ruhms« durchaus bewusst sind und die viel Wert auf eine Fangemeinde legen, die sie von Event zu Event mit sich schleppen. Auch Szenegängerinnen gehen lieber mit einer Freundin aus, als sich allein in das Rudel Wölfe zu stürzen. Bedenken Sie, dass Sie in Begleitung einer hübschen, modischen Frau immer eher auffallen als neben einer unscheinbaren Landpomeranze. Auch wenn Sie neben der Landpomeranze um Klassen besser aussehen, müssen Sie sich im Klaren darüber sein, dass der Blick des potenziellen Kandidaten zuerst auf die langweilige Frau neben Ihnen fallen könnte. Schlimmstenfalls wird er sich gelangweilt abwenden und Sie keines weiteren Blickes würdigen. Selbst wenn er Sie als schöne und interessante Frau registriert hat, wird er schnell sein Interesse verlieren, weil er Sie (wahrscheinlich zu Recht) für langweilig hält, wenn Sie so eine hässliche Schlaftablette als Freundin haben. Eine langweilig aussehende Begleiterin überträgt ihr negatives Image auf Sie. Also treffen Sie Ihre Batikfreundin, so denn vorhanden, in Zukunft lieber bei Ihnen oder ihr zu Hause und heben Sie sich für Ihre Auftritte in der Öffentlichkeit die oberflächliche Beziehung zu einer Szenebraut auf. Im Zweifel können Sie die Szenebraut auch inspirativ für Ihre neue Garderobe nutzen. Szenebräute sind nämlich häufig Boutiquenverkäuferinnen und beschäftigen sich den ganzen Tag mit der aktuellen Mode!

Sie können auch in politischen Parteien oder wohltätigen Organisationen oder im Fitnessstudio fündig werden. Achten Sie einfach darauf, dass es sich um Leute handelt, die in der Gesellschaft viel unterwegs sind und Ihnen Einlass zu millionärsträchtigen Zusammenkünften bieten können. Das kann auch der Sohn oder die Tochter des Jungunternehmers, des Adligen oder dessen bester Freund, seine Schwester sein. Glauben Sie, Fergie hätte jemals Prince Andrew kennen lernen können ohne ihre Freundin Di?

Regel Nummer 13: Bilden Sie sich weiter!

Eine gute Allgemeinbildung schadet nicht. Für Neureiche ist sie weniger wichtig, für alteingesessene Millionäre umso wichtiger. Mit Allgemeinbildung erhöhen Sie Ihre Chancen, denn wenn Sie schlau sind, können Sie sich bei Bedarf dumm stellen, umgekehrt funktioniert dies meist nicht! Heben Sie sich von den übrigen Schönen ab, indem Sie Ihren Kopf mit Wissenswertem versorgen. Und zwar mit Themen, die Millionäre interessieren, wie zum Beispiel neue Technologien, Autos, Sport, Psychologie, Literatur, Aktien, Geld und Wertpapiere, Kunst, Kultur, Politik und zumindest rudimentäre Geschichtskenntnisse.

Lesen Sie bekannte Literatur, sehen Sie sich Kulturprogramme an, besuchen Sie Ausstellungen und lesen Sie neben dem Wirtschaftsteil auch das Feuilleton.

Kaufen Sie sich ein gut bestücktes Lexikon und lesen Sie darin immer wieder die Dinge nach, die Ihnen unklar sind. Das gilt vor allem für geschichtliche Hintergründe. So wissen Sie in Kürze, dass es sich beim »Prager Fenstersturz« nicht um einen heruntergefallenen tschechischen Fensterputzer handelt.

Sie wissen doch: Mitreden ist alles. Sorgen Sie durch stete Fütterung Ihres Bordcomputers dafür, dass Ihnen und Ihrem Zukünftigen nie der Gesprächsstoff ausgeht. Und: Bilden Sie sich eine eigene Meinung, das ist – neben einem Millionär – der größte und beneidenswerteste Luxus, den Sie sich leisten können!

Also lesen Sie ab sofort nicht mehr nur die Vogue, Madame, Cosmopolitan oder Glamour, sondern kaufen Sie sich entweder eine überregionale Tageszeitung oder ein Wochenmagazin mit allen Inhalten wie zum Beispiel den Stern, Spiegel oder Focus und sehen oder hören Sie mindestens einmal täglich die Nachrichten.

Kapitel V

SO LERNEN SIE IHN KENNEN

Generell gilt es, Ihrem Auserwählten erst einmal aufzufallen. Finden Sie heraus, wo er sich aufhält, und begegnen Sie ihm immer wieder in den unterschiedlichsten Situationen. Wenn sein Blick mehrmals auf Sie gefallen ist, hat er Sie in seinem Kopf und weiß, dass Sie eine sehr weibliche und attraktive Frau sind, die anscheinend dieselben Interessen hat wie er. Das schafft Vertrauen und verbindet. Er wird Sie, nachdem er Sie dreimal irgendwo gesehen hat, ansprechen, jede Wette! Dann sind Ihnen Tür und Tor für Ihre Flirttricks geöffnet!

1. Auffallen und richtig Flirten

a) Flirtsituationen und Verhaltensmuster

(1) In Restaurants, Kneipen, Bars, Clubs

Haben Sie das Objekt der Begierde in einer Sitzplatz bietenden Lokalität wie beispielsweise einem Restaurant, einer Hotelbar oder einer gehobenen Szenekneipe geortet, gilt es zu handeln. Erstes Ziel ist es, ihn auf sich aufmerksam zu machen. Da Sie die vorherigen Kapitel bereits inhaliert und umgesetzt haben, sind Sie eine auffällige Erscheinung mit langem, gepflegtem Haar, einem dezent geschminkten Gesicht und einem umwerfenden Lachen. Durch Ihre Stilettos haben Sie eine aufrechte Körperhaltung à la Sofia Loren und bewegen sich dank des Korsetts schwungvoll sexy. So gesehen sind Sie also ein Hingucker.

Sie sollten sich einen Platz aussuchen, der es ihm ermöglicht, Sie zu sehen. Natürlich sollten Sie sich nicht mit dem Rücken zu ihm setzen; auch wenn ein schöner Rücken entzücken kann, klappt flirten immer noch am besten mit dem Gesicht. Checken Sie mit einem flüchtigen Blick in seine

Richtung, ob er Sie schon erspäht hat. Wenn nicht, dann schauen Sie öfters mal in seine Richtung, ohne zu starren. Schließlich kann es sein, dass er gerade konzentriert über Aktien diskutiert und Sie noch nicht wahrgenommen hat. Meist merkt man recht schnell, dass man beobachtet wird, und wirft dann über kurz oder lang einen Blick in diese Richtung. Geben Sie ihm zunächst ausreichend Gelegenheit, Sie zu beobachten. Wenn Sie sicher sind, dass er Sie ins Visier genommen hat, kramen Sie suchend in Ihrer Handtasche nach Ihrem Lieblingslippenstift oder Ihrem Handy, egal was, Hauptsache, Sie sind eine Weile mit sich selbst beschäftigt und lassen ihn scheinbar unbemerkt gucken. Wenn Sie noch rauchen sollten, dann stecken Sie sich eine Zigarette lasziv in den Mund und suchen Sie vergeblich nach Ihrem Feuerzeug. Anstelle einer Zigarette können Sie auch ein Zigarillo rauchen, das wirkt etwas lasziver und kultivierter als eine normale Zigarette, aber nicht so aufgesetzt, billig und möchtegern-erotisch wie das Rauchen einer Zigarre. Der Rauch eines Zigarillos drückt darüber hinaus aus, dass Sie ein Genussraucher sind, da Zigarillos zum Kettenrauchen eher unüblich sind. Suchen Sie dann so lange nach Feuer, bis er Ihnen endlich Feuer anbietet. Entflammt der Gute Ihren Glimmstängel, bedanken Sie sich höflich und verwickeln ihn gleich in ein Gespräch über Rauchentwöhnung.

Wenn Sie zu den Glücklichen gehören, die nicht mehr rauchen, dann lassen Sie diese Nummer besser sein, denn jede Zigarette bedeutet den Einstieg in die Sucht. Lassen Sie lieber unauffällig den Salzstreuer verschwinden und suchen Sie ruhig auch verbal danach »Gibt's denn hier kein Salz?«. Auch hier können Sie nach erfolgreicher Hilfsaktion Ihr Objekt der Begierde in ein Gespräch über Gesundheitsrisiken aufgrund erhöhten Salzkonsums verwickeln. Sie können ebenso gut die Menükarte verschwinden lassen und ihn um einen Blick in die seine bitten. Lassen Sie bei allen Smalltalks eine gehörige Portion Humor, Selbstbewusstsein und ein wenig Koketterie einfließen, ohne arrogant oder überheblich zu wirken. Aber auch ohne solche Aktionen kommen Sie weiter.

Achten Sie einfach darauf, wann er wieder zu Ihnen schaut.

Diesen Moment müssen Sie ausnutzen. Sie sollten genau jetzt mit leicht gesenkten Lidern in seine Augen schauen und dabei freundlich lächeln oder wenigstens interessiert schauen, falls Sie Hemmungen haben, ihn direkt anzulächeln. Halten Sie seinem Blick nicht stand, sondern sehen Sie als Erste weg, um dann bald wieder hinzusehen. Haben Sie sein Interesse geweckt, dann wird er alsbald wieder zu Ihnen schauen und Ihren Blick suchen. Spätestens beim zweiten Blickkontakt sollten Sie ihn leicht anlächeln. Beim nächsten Blick können Sie dann neckisch Ihren Kopf leicht schräg in den Nacken legen, so als ob Sie ihm Ihren Hals anbieten. Schauen Sie ihn beim nächsten Blick mit leicht geöffnetem Mund an, lassen Sie es so aussehen, als wollten Sie ihm etwas sagen. Beim nächsten Blick lecken Sie sich leicht und dezent über die Lippen, bevor Sie an Ihrem Champagnerglas nippen. Halten Sie den Kopf dabei leicht nach unten gesenkt und schenken Sie ihm während des Schlucks einen intensiven Blick. Setzen Sie das Glas dann vorsichtig und elegant ab, während Sie langsam Ihren Blick von ihm lassen. Ein Glas mit Stiel fasst man übrigens immer nur am Stiel an, berühren Sie bitte niemals das Glas an sich, das wirkt ordinär und billig und hinterlässt schnell die unschönen Spuren Ihrer vor Aufregung feuchten Hände auf dem Glas. Lassen Sie sich nicht anmerken, dass Sie keine Gewohnheits-Champagner-Genießerin sind!

Gläser mit Stiel oder wohlgeformte, kleine Wasserfläschchen sind hervorragende Spielzeuge, die bei einem gekonnten Fingerspiel jeden Mann in Aufruhr bringen. Die meisten Männer sind derart phallisch orientiert, dass sie mit allem, was steht, gerade und fest ist, ihr bestes Stück assoziieren. Fahren Sie also mit Ihren lackierten Fingernägeln lässig am Stiel des Glases auf und ab und er wird Sie mit Blicken taxieren!

Eine Alternative zum Glas Champagner ist ab 16:00 Uhr ein gerührter Martini. Er wird in stilvollen (Spiel-am-Stiel-)-Gläsern mit einer Olive auf einem Zahnstocher serviert.

Diese Olive ist ein herrliches Flirtinstrument! Sie können, nachdem er Sie erblickt hat und interessiert ansieht, die Olive scheinbar gedankenverloren über Ihren Kussmund hin und herstreichen; dann erwidern Sie seinen Blick intensiv und stecken sich dabei genussvoll die Olive in den Mund. Eine Olive im Mund ist schön klein und hat den Vorteil, dass das Gesicht nicht entstellt aussieht. Kauen Sie die Olive und sehen Sie als Erste weg.

Sie müssen einen Mann lange Zeit im Ungewissen lassen, zeigen Sie ihm bloß nicht zu schnell, dass Sie willig sind, dann verliert er das Interesse und sucht sich eine anspruchsvollere Beute. Lassen Sie ihn also durch Ihr stetes Wegschauen im Ungewissen darüber, ob Sie sich für ihn interessieren oder sich nur über eine Macke, die sich in seinem Gesicht befinden könnte, lustig machen. Es kann ja sein, dass Sie ihn immer wieder anschauen und anlächeln müssen, weil er die Reste seiner Rasiercreme auf der Wange trägt.

Egal in welcher Lokalität oder an welchem Ort Sie ihn treffen, es gilt immer, seine Blicke auf sich zu ziehen. In vollbesetzten Lokalen oder Bars versteht es sich also von selbst, dass Sie nicht im Bereich der Tür oder sonst irgendwo am Rande stehen bleiben, sondern dass Sie – ähnlich wie bei einer Modenschau – erst einmal eine Runde durch das Lokal drehen, und zwar vor allem durch die Mitte. Wenn Ihnen der Mut dazu fehlt, dann holen Sie vor der Tür tief Luft, Brust raus, Bauch rein und sagen Sie sich »Ruhe bewahren! Come on baby, it's showtime!« Sie schaffen es! Üben Sie ruhig in weniger besuchten Lokalen, zum Beispiel im China-Restaurant. Tun Sie so, als suchten Sie Ihre Verabredung. Sehen Sie sich die Anwesenden flüchtig an, intensivieren Sie den Blick bei interessanten männlichen Objekten, um dann knapp zu lächeln und gleich weiterzugehen. So haben Sie die Gewissheit, dem Traummann bereits einmal aufgefallen zu sein, denn jeder beäugt neugierig neue Gäste, die sich so angenehm präsentieren. Ihr Traumprinz hatte also Gelegenheit, Sie visuell wahrzunehmen. Hat der Trottel nicht aufgeschaut und Sie noch nicht erblickt, ist das sogenannte leichte und natürlich völlig unbeabsichtigte »Anrempeln« auch ein beliebter Trick. Er wird sich umdrehen müssen, sieht in Ihr bezaubernd lächelndes Gesicht und hört aus Ihrem zum Kussmund leicht gespitzten Mund ein verführerisches »Oh, Pardon, das war keine Absicht, ich bin mit meinen Absätzen hängen geblieben, tut mir furchtbar Leid«. (Alternative zum Hängenbleiben: Auf dem glatten Boden gerutscht/umgeknickt/gestolpert ...) Er wird dann garantiert an Ihnen hinunterschauen bis zu den Füßen. So haben Sie gewährleistet, dass der Gute einen Komplettcheck bei Ihnen macht, um sich einen eigenen Eindruck von Ihren scharfen Absätzen zu verschaffen. Gut ist, wenn Sie sich in diesem Moment zu Ihren Füßen bücken, um Ihren Knöchel kurz zu umfassen, so als würde dies Ihren Schmerz lindern. Wenn Sie zackig wieder in die Senkrechte zurückkehren, strecken Sie ihm Ihr appetitliches Dekolleté entgegen (lassen Sie die Brüste beim Ein- und Ausatmen schön auf- und absinken) und lächeln ihn entwaffnend an. Dann müssen Sie sich schnell an ihm vorbeimogeln und nach Möglichkeit vor ihm weggehen, so dass er genug Gelegenheit hat, Ihre sexy wippende Kehrseite zu betrachten. Wetten, dass er anbeißt? Diese Methode können Sie immer und überall probieren, auch im gediegensten Restaurant steht Ihr Traumprinz irgendwann auf und sei es nur, um seine Notdurft zu verrichten oder später am Abend seinen Mantel aus der Garderobe zu holen. Dann müssen Sie sofort hinterher! Treffen Sie ihn später am Abend/in der Nacht in der Disco oder einer Kneipe oder auch auf irgendeiner anderen Veranstaltung wieder, haben Sie nach dem o. g. Anrempeln den Vorteil, ihn bereits zu kennen. Er wird Sie auch wiedererkennen und Ihrem Lächeln mit einem freundlichen Nicken oder Lächeln antworten.

Sie wissen, dass Alkohol die Hemmschwelle für Flirts sinken lässt. Achten Sie aber darauf, dass Ihr Auserwählter höchstens angeheitert, aber noch Herr seiner Sinne ist. Ansonsten brauchen Sie mit ihm nichts anzufangen. Er wird sich weder an einen guten Blow Job erinnern noch an Ihren Namen. Also Finger weg von Besoffenen, auch wenn sie noch so reich sind.

Es gibt natürlich reichlich Lokale, in denen Sie bereits am Eingang vom Oberkellner in Empfang genommen und zu Ihrem Tisch geleitet werden, ohne die Lokalrunde laufen zu können. Zu diesem Zweck sollten Sie vor Ihrem Besuch eine Freundin darum bitten, Sie ca. eine halbe Stunde nach Ihrem Eintreffen im Lokal anzurufen und ausrufen zu lassen. Dann müssen Sie aufstehen und sich präsentieren! Zum Glück herrscht in Edellokalen oft Handy-Verbot.

(2) Auf Partys und Vernissagen

Die Regel des »Schaulaufs« gilt hier ganz besonders und ist immer einzusetzen. Sehen Sie zu, dass Sie nicht als Erste erscheinen, so dass bei Ihrem Eintreffen eine Vielzahl der Gäste bereits anwesend ist. Erkundigen Sie sich wenn möglich vorher beim Gastgeber genau danach, wer auf der Gästeliste steht, damit Sie schnell das Objekt Ihrer Begierde ausfindig machen.

Strahlen Sie Interessiertheit und Fröhlichkeit aus, vermeiden Sie aber, sich zu betrinken oder laut zu keifen, wenn Sie ihn durch Ihre Stimme auf sich aufmerksam machen wollen. Kreischende Weiber sind allen Männern ein Gräuel, also halten Sie sich lieber bedeckt. Tanzen Sie auf einer Party bitte nicht als Erste und Einzige. Das wirkt fast immer peinlich, auch wenn Sie noch so gut tanzen können.

Stellen Sie sich auf einer Vernissage am besten mit einem Champagnerglas vor ein spektakuläres Bild und sehen Sie dabei ruhig nach rechts und links. Achten Sie immer auf eine sexy Körperhaltung, d. h. Brust raus und Bauch rein, aber ohne dabei wie ein englischer Wachsoldat auszusehen. Sie sollten ein Bein belasten und die Hüfte dabei lässig zu einer Seite ausstellen. Gern können Sie sich dabei die freie Hand in die Taille »stemmen«. Wenn Sie eine Lady sind, wird das nicht möglich sein, denn Sie haben eine Handtasche in der champagnerlosen Hand. Schauen Sie sich die richtige Haltung einfach bei den Models und Showstars in Hochglanzmagazinen oder im Fernsehen ab. Eine hervorragende Haltung in jeder Lebenslage hat Jennifer Lopez. Die sieht sogar entspannt stehend noch ungeheuer sexy aus!

Wenn Sie sich mit ein wenig Fachliteratur auf die Ausstellung vorbereitet haben oder Kunstkennerin sind, haben Sie leichtes Spiel. Steht Ihr künftiger Schatz vor einem Kunstobjekt und versucht, es zu verstehen, so gesellen Sie sich einfach unauffällig hinzu und versuchen, ihn in ein Gespräch über das Bild, den Künstler, die Kunst im Allgemeinen und Besonderen, namhafte Kunstbände oder tolle Galerien zu verwickeln.

(3) Beim Tanzen in der Disco

Auch hier gilt wieder: Kommen Sie nicht als erste Besucherin in die Disco. Wenn der Laden voll ist, ist für Sie »Showtime«, also rein in die Menge, sehen und vor allem gesehen werden. Positionieren Sie sich in seiner Nähe, was in einer Diskothek mühelos machbar ist. Bestellen Sie sich etwas zu trinken in einem Glas mit Stiel und nippen Sie verführerisch daran, während Sie Blickkontakt halten. Bei einem guten Song stellen Sie Ihr Glas ab, lächeln ihm zu und gehen auf die Tanzfläche. Lassen Sie Ihre Hüften wie die Lopez kreisen und bewegen Sie sich im Beat. Lassen Sie Ihre Haare schön hin und her schwingen. Wenn Ihnen warm wird, dann nehmen Sie Ihr Haar mit den Händen hoch und zeigen Sie ihm Ihren schönen Nacken. Gut ist auch, wenn beim Tanzen – wie zufällig – ein Träger über die Schulter rutscht. Beim Zurückschieben gewähren Sie ihm einen flüchtigen Blick und lächeln knapp. Kontrollieren Sie während des Tanzes immer wieder, ob er Sie noch beobachtet. Wenn ja, dann gehen Sie nach dem Tanz an ihm vorbei und rempeln ihn – ach, wie ungeschickt – an, fassen ihm an die Schulter, um sich für das kleine durch ihre Stilettos bedingte Missgeschick zu entschuldigen. Er beißt garantiert an!

(4) Beim Einkaufen

Sie glauben, Millionäre gehen nicht einkaufen? Doch! Jeder Single-Millionär muss sich schließlich ernähren und kauft gern in Feinkostläden fertig zubereitete Köstlichkeiten ein. Es ist recht einfach, sich neben einen gut gekleideten Herrn an der Salattheke zu positionieren und ein Gespräch über die leckersten Dressings zu starten. Gut ist auch ein tief dekolletiertes Top, wenn Sie sich über die Gefriertruhe beugen. Irgendein Gespräch über Nahrung kann man immer beginnen. Halten Sie den Diskurs knapp und gehen Sie als Erste weiter. Sie sollten ihn dann an der Kasse abpassen. Wird er dann nicht von selbst gesprächig, dann können Sie ihn mit erschrockenem und Hilfe suchendem Blick darum bitten, einen Moment auf Ihren Einkauf aufzupassen, da Sie noch eine Flasche Wein oder dergleichen vergessen haben. Bitte belassen Sie es auch nur bei einem kurzen Moment, sonst kann er Sie auch schnell als rücksichtslose Ziege ansehen. Aber bitte »vergessen« Sie etwas Schönes und nicht eine Packung Maxi-Tampons, Hühneraugenpflaster, Toilettenpapier oder Hornhautraspeln. Ebenso sollten Sie mit Ihrem Einkauf, auf den er aufpasst, zum Ausdruck bringen, dass Sie ein Genuss-Single sind, also keine Familienpackungen, keine Riesenpackungen Fleisch vom Vortag und auf keinen Fall irgendwelche Herrenutensilien, z. B. Herrenrasierschaum, selbst wenn Sie den für Ihre Beine nutzen. Eine Flasche Champagner lädt geradezu zu einem prickelnden Gespräch ein.

Hasten Sie unter gekonntem Powackeln auf Ihren 10-cm-Absätzen zum Weinregal und kommen Sie mit dem Strahlen einer Siegerin zurück, er wird Sie sicher in ein Gespräch verwickeln, vielleicht sogar um Ihre Telefonnummer bitten ...

Wenn Sie in einer Parfümerie ein begehrtes Objekt Mann gefunden haben, bitten Sie ihn um seine Meinung als Mann zu dem auf Ihr Handgelenk aufgesprühten neuen Designerduft.

Noble Herrenausstatter sind ebenfalls ein gutes Jagdrevier. Millionäre werden hier relativ schnell enttarnt; achten Sie einfach darauf, welcher Kunde die meisten Verkäufer für sich arbeiten lässt und dabei stets und ständig mit Namen angesprochen wird. Eine gute Gelegenheit, um Ärzte und Adlige ausfindig zu machen.

Versuchen Sie, die Sie belauernde Verkäuferin abzuwimmeln, nehmen Sie sich ein Herz und fragen Sie ihn, ob er so freundlich wäre, Ihnen bei der Wahl der passenden Krawatte zu helfen, da er so wahnsinnig viel Ähnlichkeit mit Ihrem

Bruder hätte und Sie ein Geschenk für Ihren Bruder suchten. Das geht natürlich nur, wenn Ihr Auserwählter ähnlich alt ist wie Sie. Sind Sie erst 18 und ist der anvisierte Mann erkennbar dreißig Jahre älter, wirkt das eher unbeholfen, dann argumentieren Sie besser mit der gleichen Statur oder der gleichen Augenfarbe (wie Ihr Bruder). Stellen Sie keinesfalls einen Vergleich zu Ihrem Vater oder – noch schlimmer – zu Ihrem Großvater her!

Das versteht sich hoffentlich von selbst. Ebenso wenig erfolgversprechend ist der Vergleich mit dem Ex-Freund. Das wirkt leider völlig verkrampft (»Hallo, ich bin ein einsamer und frustrierter Single, wollen Sie mich nicht haben?«).

Generell gilt aber, dass es Männern sehr schmeichelt, wenn eine attraktive und interessante Frau Hilfe suchend auf sie zukommt. Ein so entwickeltes Gespräch kann durchaus Auslöser einer wundervollen Beziehung werden.

(5) Beim Sport

Beim Sport sollten Sie immer gut aussehen. Also nie den Lippenstift und den lockeren Pferdeschwanz vergessen. Eine wuschelige Hochsteckfrisur ist auch okay, solange Sie dabei hübsch aussehen. Finden Sie heraus, wann Ihr Objekt joggt, schwimmt oder ins Fitness-Studio geht. Zu diesen Zeiten sind Sie selbstverständlich vor Ort.

(a) Beim Joggen

Die Überholvariante:

Do's:

Sind Sie fit und haben einen Sie knackigen Hintern, sollten Sie so frech sein und ihn von hinten mit einer dezenten Parfümwolke überholen. Denken Sie an die Yogurette Werbung! Eine helle, enge Hose betont Ihre attraktiven Kurven. Machen Sie dieses Überholmanöver mehrere Tage hintereinander, er wird Sie garantiert spätestens beim 4. Mal ansprechen und Sie unter anderem fragen, woher Sie diese Kondition haben. Fragt er Sie nicht, liegt das wahrscheinlich daran, dass er völlig vergeistigt ist und in Gedanken bei seinem Job. Dann müssen Sie etwas rabiater werden.

Dont's:

Sollten Sie die helle Hose tragen, dann sehen Sie zu, dass Sie keinen dicken Schweißfleck zwischen Ihren Pobacken haben. Das tötet jede Phantasie ab. Vermeiden Sie eine Schweiß- und Mundgeruchswolke, die nur Schmeißfliegen zum Kontakt einlädt.

Haben Sie einen riesigen Hintern mit Cellulitis, sollten Sie auf die Variante des Überholens besser verzichten, wenn Sie keine Lachnummer sein wollen. Der einzige Dress, der Ihren Hintern beim Joggen nicht unansehnlich auf und ab wippen lässt, ist der Reifrock und der ist seit über 100 Jahren out!

Der fingierte Sturz:

Do's:

Überholen Sie ihn oder kommen Sie ihm entgegen, seien Sie auf jeden Fall in seinem Blickwinkel. Und dann: Stürzen Sie vor seinen Augen! Üben Sie das vorher, damit Sie nicht aussehen, als seien Sie von Monty Pythons Ministerium für komische Gangarten! Aber natürlich auch, um sich nicht tatsächlich zu verletzen. Letztlich weiß man ja nie, wie der Millionär sich im konkreten Fall verhält.

Das Beste ist, wenn Sie mit Ihrem Fuß umknicken oder gegen einen Stein oder dergleichen stolpern. Jammern Sie dabei. Außerdem müssen Sie so tun, als könnten Sie ohne seine Hilfe nicht mehr weitergehen. Ist er ein Gentleman, wird er Sie zurücktragen oder Ihnen zumindest beim Gehen helfen. Das ist dann der erste Schritt für eine zauberhafte Romanze. Ist er kein Gentleman und läuft trotz Ihres Wimmerns weiter, dann zeigen Sie diesen nichtsnutzigen Proleten wegen unterlassener Hilfeleistung an!

Dont's:

Lautes Kreischen und Fluchen treibt jeden Mann in die Flucht: Furienalarm!

Versehentliches Anrempeln:
Do's:
Sie sollten gedankenverloren mit gesenktem Haupt an Ihrem Discman hantieren, während Sie Ihrem Auserwählten einfach vor die Füße laufen.

Aber Vorsicht: Diese Variante ist nur bedingt zu empfehlen, da es häufig zu wütenden Auseinandersetzungen kommen kann wie »Können Sie nicht aufpassen?« oder dergleichen.

Die tatsächliche Verletzungsgefahr und im worst case die Beschimpfungen können schnell zum Gegenteil des Ziels werden. Sollte es tatsächlich zu Beschimpfungen kommen, dann fangen Sie wenigstens an zu weinen. Wenn er kein Herz aus Stein hat, wird er spätestens jetzt sehen, »was er angerichtet hat«, und lädt Sie (natürlich aus Gewissensbissen hinsichtlich der Beschimpfungen) zum Essen ein. Hervorragend!

Dont's:
Sollte es zu Beschimpfungen seinerseits kommen und Sie weinen, dann sehen Sie aber zu, dass Ihr Make-up nicht verläuft, um nicht wie ein bemitleidenswerter Pandabär auszusehen. Am besten vorher üben oder wasserfeste Mascara benutzen.

(b) Im Fitnessstudio
Do's:
Tragen Sie – je nach Figur – kurvenbetonte, gern auch tiefdekolletierte, gut sitzende Fitnesskleidung, die nicht teuer sein muss. Viele Bekleidungshäuser bieten gute Sport-Kleidung zu akzeptablen Preisen. Orientieren Sie sich auch hier an Ihren Konkurrentinnen und stechen Sie diese nach Möglichkeit noch aus, z. B. mit einem mit Gelkissen gefüllten (gut sitzenden!) BH, der Ihren Busen größer macht.

Versuchen Sie sich an leichten Kraftübungen. Stellen Sie Blickkontakt zu ihm her und bitten Sie IHN bei Bedarf um Hilfe. So kommt er sich vor wie ein Held. Außerdem können Sie IHN auch anhimmeln: »Meine Güte, so einen durchtrainierten Körper habe ich ja noch nie gesehen ...«, dazu sollten Sie Ihren Lippenstift-verschönerten Mund zu einem kussechten »ooooh« formen. Er wird platzen vor Stolz. Natürlich sollten Sie das nur sagen, wenn er tatsächlich einen durchtrainierten Körper hat. Ein Bierbauchträger wird Sie schnell durchschauen.

Sie können sich auch ein paar Übungen erklären lassen oder ihn bei der Einstellung der Geräte um Hilfe bitten.

Sie können seine Aufmerksamkeit auch durch kleine Missgeschicke auf sich lenken, etwa dadurch, dass Sie vergeblich versuchen, ein Gerät einzustellen. Bitten Sie ihn um Hilfe, er wird sich geschmeichelt fühlen und Ihnen das Gerät gern in die richtige Position bringen. Hilft er Ihnen in einer derartigen Situation, können Sie ihn als Wiedergutmachung später zu einem Power-Drink an der Bar einladen, was wollen Sie mehr?

Vermeiden Sie fingierte Unfälle mit Gewichten oder dergleichen. Sie können gar nicht so viel üben, dass eine herabfallende 20-Kilo-Hantel keinen tatsächlichen Schaden anrichten kann.

Der beste Zeitpunkt zum Ansprechen ist der Moment der Entspannung, also die Drink-Phase an der Bar. Stellen Sie sich ganz zufällig neben ihn. Ganz zufällig haben Sie jetzt auch Durst. Beiläufig schauen Sie dann auf sein Getränk und fragen Sie ihn nach seiner Wahl, das sähe ja sehr lecker aus und Sie würden sich den auch gern bestellen. Im Gespräch können Sie ihn dann fragen, ob er das Training auch so anstrengend finden würde und wie lange er schon dabei sei, bei seinem gestählten Körper sicherlich schon sehr lang ... (Schmeichel, Schmeichel). Dabei trocknen Sie sich dann mit einem Handtuch die Schweißtropfen aus dem Nacken und machen dabei noch einige Dehnungsübungen mit den Armen, bei denen Sie wieder durch Zufall in erster Linie Ihr appetitlich präsentiertes Dekolleté betonen. Achten Sie darauf, dass Sie ein tief dekolletiertes Halterneck-Top tragen und Ihre Achseln frisch enthaart sind. Wer kann Ihnen da schon widerstehen?

Dont's:

Keinesfalls sollten Sie ungepflegt das Studio betreten, sei

es mit verlotterter Fitnesskleidung, fettigen Haaren oder sonst wie schlotterig. Ebenfalls sollten Sie auch im Fitnessstudio nicht auf Lippenstift verzichten (auch natürliche Farben, falls Ihnen das lieber ist). Vermeiden Sie in Gegenwart Ihres Auserwählten auch unbedingt zu große Anstrengungen wie Spinning oder dergleichen, wenn Sie nicht top durchtrainiert sind. Erstens verwischt ansonsten Ihr Make-up, zweitens bekommen Sie eine knallrote Gesichtsfarbe (und es gibt weiß Gott Schöneres), drittens keuchen Sie, als seinen Sie kurz vor der Bewusstlosigkeit, viertens entstehen unschöne Schweißflecken auf Ihrer Kleidung und fünftens können Sie danach nicht mehr sexy gehen, sondern nur noch schmerzverzerrt humpeln. Alles Gründe, die Sie davon abhalten sollten, IHM zu beweisen, dass Sie auf jeden Fall 200 Sit-ups durchführen können, ohne ohnmächtig zu werden. So etwas will er auch garantiert nicht sehen.

(6) Auf Reisen, unterwegs

Im Auto, in der Bahn und im Flugzeug bieten sich selbstverständlich auch diverse Flirtmöglichkeiten. Auf die Vorteile Erster-Klasse-Tickets haben wir bereits hingewiesen. Ein Langstreckenflug bietet ausgiebig Zeit für intensive Gespräche. Wenn Sie im günstigsten Fall neben Ihrem Millionär sitzen, können Sie ihn schon auf das Leichteste in ein kleines Gespräch über Flugangst verwickeln. Von Vorteil ist Ihre ausgiebige Lektüre von Luxus-Reise-Berichten. Sie wissen, wo es die tollsten und ausgefallensten Hotels weltweit gibt, welche Hotels einen traumhaften Blick bieten und wo man Abstriche beim Poolservice machen muss, in welcher Hotelbar es den besten Mojito gibt etc. Ihr Sitznachbar ist unter Garantie ein weit gereister Mann und wird wissen, worüber Sie sprechen. Es wird ihm angenehm und vertrauenserweckend erscheinen, dass Sie die gleichen Hotels und Restaurants ansteuern wie er. Lassen Sie sich also eine gute Reisegeschichte einfallen!

Im Auto bieten sich ständig Gelegenheiten zu Blickflirts. An einer Ampel, im Stau usw. Leider ist der Flirt meist viel zu kurz, um etwas Intensives entstehen zu lassen, es sei denn, Ihr Jaguar oder S-Klasse fahrender Flirtpartner ist aufgeweckt und mutig genug, anhand Ihres Kennzeichens Ihre Personalien herauszufinden. Entdecken Sie an einer Tankstelle einen potenziellen Millionär (achten Sie darauf, dass es nicht der Chauffeur ist – Chauffeurwagen erkennt man leicht daran, dass die Kopfstütze des Beifahrersitzes entfernt wurde, damit der sich im Fond befindliche Millionär freie Sicht hat), sprechen Sie ihn scheinbar hilflos an und fragen Sie ihn, wie man hier tankt. Sollten Sie kein repräsentatives Auto fahren, umso besser: Sagen Sie einfach, Ihr Boxster sei in der Werkstatt und sie hätten sich von einer Freundin, die noch studiert, ein Auto ausgeliehen, wüssten aber leider nicht, wie man so ein Auto betankt. Männer lieben hilflose Frauen, denen sie tapfer helfen können.

b) Woran Sie erkennen, ob er anbeißt

Das erste und beste Zeichen ist sein Blick, den er nicht von Ihnen lassen kann. Achten Sie darauf, ob er versucht, über Blicke Kontakt zu Ihnen entstehen zu lassen.

Gut möglich, dass er sich Ihnen langsam nähert, um Sie genauer ins Visier zu nehmen. Zeigen Sie sich von Ihrer besten Seite und lächeln Sie viel!

Wenn er Sie anspricht, haben Sie bereits den Joker in der Hand. Achten Sie beim Gespräch auf seine Körperhaltung. Ist diese offen und Ihnen zugewandt, ist echtes Interesse vorhanden. Wenn er Ihnen im Gespräch näher kommt als den übrigen Gesprächspartnern, dann liegt sein und Ihr Schicksal bereits in Ihrer Hand. Werden Sie jetzt aber nicht vor lauter Freude übermütig und sprechen von Kindern und Hochzeit! Denken Sie stets daran: Männer wollen hübsche und gepflegte Frauen, die unabhängig sind und andererseits keine Hemmungen haben, sich dem Mann unterzuordnen. Aber erst will der Jäger ein stolzes Reh jagen und es nach anstrengender und nicht immer erfolgssicherer Hatz genussvoll erlegen. Gönnen Sie ihm also das Vergnügen und lassen Sie ihn schmachten. Denken Sie an eine heißblütige und stolze Italienerin, deren Augen vor Verlangen glühen, während sie das Werben des Geliebten gleichgültig mit den Schultern zuckend zurückweist. Harrrrr ... Männer lieben so was.

Fazit

Spätestens jetzt erkennen Sie, wie wichtig es ist, sich stets von Kopf bis Fuß zu pflegen und top gestylt aus dem Haus zu gehen. Immer! Man weiß nie, wann und wo einem der Mann mit den Millionen begegnet! Seien Sie stets und überall auf der Hut und flirtbereit! Selbst der scheinbar harmlose Weg zum Mülleimer kann Ihnen eine Begegnung mit einem Millionär bescheren.

2. Vor dem ersten Date

Es ist leider gar nicht so einfach, sich auf das erste Date angemessen einzustellen. Ein paar Tipps sollen Ihnen aber helfen, zum einen die Zeit vor dem Date sinnvoll zu nutzen und zum anderen das Gespräch mit dem Auserwählten bestmöglich vorzubereiten.

a) Nicht anrufen und auch nicht sofort zurückrufen (Gleiches gilt für SMS und E-Mails!)

Das hat Ihnen sicherlich schon Ihre Mutter oder Großmutter gepredigt. Es ist etwas Wahres dran und bitte spielen Sie dies nicht als antiquiert herunter, weil Sie doch so unwahrscheinlich emanzipiert sein wollen. Überlassen Sie diesen Schritt ausschließlich dem Mann. Rufen Sie ihn gleich an, sieht das so aus, als hätten Sie zum einen nichts zu tun, zum anderen könnte er befürchten, dass Sie eine Klette sind, die womöglich noch heiraten und Kinder haben will. Haben Sie deshalb Geduld, auch wenn er sich im worst case eine ganze Woche lang nicht meldet. Denken Sie daran: Er ist

Millionär, ihm liegen sämtliche Frauen zu Füßen und der Großteil davon ist undiszipliniert genug, ihn anzurufen bzw. ihm hinterher zu telefonieren. Das ist ihm im Zweifel lästig und Ihr Vorteil. Machen Sie sich klar, dass Sie ihn bei einem Anruf im Zweifel auf dem falschen Bein erwischen, er ruppig oder nicht unterhaltsam ist und sagt, er melde sich wieder. Und tschüß. Oder aber er sagt: Ja, Schatzi (er kann sich nicht alle Namen merken), diese Woche ist schlecht, nächste ist auch nicht so gut, aber in zwei Wochen, ich meld mich, und tschüß, oder wie auch immer. Die Folge: Sie werden heulen. Und das zu Recht. Entweder er will etwas von Ihnen, dann wird er an Ihre Nummer herankommen, oder er will nichts von Ihnen, dann will er auch keinen Anruf! Meldet er sich auch nach einer Woche nicht, dann haken Sie ihn ab und sehen Sie sich nach einem neuen Millionär um (es gibt soooo viele!)! Vielleicht denken Sie jetzt: Was ist, wenn er meine Nummer verlegt hat und ich nicht im Telefonbuch stehe? Dann hat er eben Pech gehabt; wenn er so schon mit Ihrer Telefonnummer umgeht, ist er eh ein dämlicher Trottel. Ganz besonders eindringlich warnen wir vor Anrufen, wenn er Ihnen nicht zuvor seine Nummer gegeben hat, sondern Sie diese von seinen Freunden erhalten haben. Finger weg. Grenzen Sie sich ab! Behalten Sie Ihren Stolz: Sie sind die Königin, die Diva! Seit wann kommt der Berg zum Propheten? Gönnen Sie ihm das Gefühl, dass er um Sie kämpfen muss. Vermitteln Sie ihm das Gefühl, außerordentlich beschäftigt zu sein. Bei Ihrem Aussehen, Ihrem Charme und Ihrem Humor muss ihm klar sein, dass Sie noch etliche andere Dates (und zwar mit Männern seinesgleichen) haben. Sagen Sie ihm das aber nicht so direkt; auch wenn Sie an einem Termin keine Zeit haben, sollten Sie ihm nicht den Grund nennen, seien Sie dabei aber charmant und keinesfalls zickig. Lächeln Sie und sagen Sie z. B. »Oh, wie schade, da kann ich leider nicht, wie wär's mit ...« Umso mehr wird er sich um Ihre Gunst bemühen.

Spricht er Ihnen aufs Band, sollten Sie frühestens am Abend oder nach Möglichkeit am nächsten Tag zurückrufen. Kann er die Zeit nicht abwarten, wird er sich noch mal melden. Melden Sie sich aber! Auf einen 2. Anruf zu warten kann seine Geduld womöglich überstrapazieren, so dass er sich dann gar nicht mehr meldet, weil er Sie für eine arrogante Zicke hält.

Optimal ist es, wenn Sie ihn zu einer Zeit anrufen, zu der er nicht zu Hause ist und Sie ihm ebenfalls auf seinen Anrufbeantworter sprechen können (bspw. typische Bürozeiten). Lassen Sie dann lächelnd Ihren ganzen Charme spielen und machen Sie deutlich, dass Sie sich auf seinen Rückruf freuen. So zeigen Sie ihm dezent, dass Sie Interesse haben, überlassen ihm aber dennoch das Werben.

Ruft er Sie an, sollten Sie zusehen, dass Sie charmant das Gespräch beenden, da Sie noch etwas zu erledigen haben oder weil Sie dringend weg müssen. Beachten Sie, dass Sie gute Laune ausstrahlen sollen, lächeln Sie ruhig auch beim Telefonieren, man kann dies als Telefonpartner heraushören.

Exkurs:
Was ist zu tun, wenn Sie verheiratet sind oder in einer Partnerschaft leben, die es Ihnen unmöglich macht, angerufen zu werden? (Dies gilt natürlich nur dann, wenn Sie nicht wollen, dass Ihr derzeitiger Lebensabschnittsgefährte von Ihren Bemühungen erfährt.)
Für diesen Fall sollten Sie sich auf jeden Fall ein Handy anschaffen! Und zwar ein Handy, das Ihr Partner oder Mann nicht kennt. Haben Sie bereits ein Handy? Wunderbar! Holen Sie sich trotzdem ein neues, und zwar kein extraordinäres pinkfarbenes Flirthandy, sondern ein Handy, das mit Ihrem jetzigen Handy identisch ist. So kann Ihr misstrauischer Mann oder Partner weiterhin Ihre Nachrichten und Anrufe auf Ihrem jetzigen Handy abhören, da die interessanten Nachrichten auf Ihrem Geheimhandy gespeichert sind. Den Klingelton können Sie bei den neueren Handys ausstellen und stattdessen Vibrationsalarm auslösen. Vermeiden Sie selbstverständlich Situationen, in denen beide Handys im Beisein Ihres Partners gleichzeitig klingeln. Ein Gerät sollte dann immer ausgeschaltet

(oder stumm) gestellt sein. Das alles erwartet von Ihnen ein wenig organisatorisches Geschick, es ist aber durchaus machbar. Eine gute Freundin von uns hatte über Jahre zwei außerordentlich reiche Freunde, beide wollten sie heiraten, sie konnte sich aber nie so recht entscheiden. Organisatorisch hat sie dies mit zwei Handys prima hingekriegt und bekam an sämtlichen Feiertagen, Geburtstagen etc. massenweise opulente Geschenke. Es ist alles machbar.

b) Seien Sie beschäftigt bis zum ersten Date

Sicherlich sind Sie total aufgeregt, das verstehen wir, das waren wir auch vor unseren ersten Millionär-Dates.

In dieser Zeit sollten Sie alles tun, damit Sie nicht zu dem besagten Termin ausgelaugt, verkrampft oder unsicher wirken. Letzteres werden Sie sicherlich, wenn Sie sich ausschließlich mit dem Date beschäftigen und nur darüber nachdenken, was Sie sagen dürfen und was nicht. Dadurch setzen Sie sich unnötig unter Druck, denken Sie daran: Seien Sie so normal, lustig und charmant und so sehr Sie selbst wie nur möglich!

Verbringen Sie die Zeit vor dem Date ausschließlich mit sich selbst. Gönnen Sie sich ein ausgiebiges Pflegeprogramm mit allem Drum und Dran, gehen Sie shoppen, zum Frisör, zur Kosmetik oder wonach Ihnen gerade ist. Hören Sie entspannende Musik. Machen Sie viel Fitness, das löst Ihren Stress, der Sie im Zweifel wegen des Dates plagt, außerdem erlangen Sie ein wunderbares Körpergefühl. Lesen Sie die Tageszeitung samt Wirtschaftsteil und Feuilleton sowie Wirtschaftsmagazine, damit Sie auf dem Laufenden sind, was das Weltgeschehen angeht. Informieren Sie sich auch über seine Firma (so denn vorhanden), seine Hobbys (sofern Sie diese kennen; Aufkleber an Autos oder kleine Anstecknadeln am Revers sind hier oft behilflich). So können Sie dann ganz nebenbei davon ausgehen, dass Ihnen nicht der Gesprächsstoff ausgeht. Lesen Sie ein anspruchsvolles

(Erotik-)Buch, z. B. von Henry Miller. Das regt an und falls Sie auf das Buch zu sprechen kommen, zeigen Sie damit, dass Sie eine gebildete, interessante und interessierte, in jeder Hinsicht erstrebenswerte Diva sind, die sich nicht wie viele ihrer Geschlechtsgenossinnen mit Trivialliteratur auseinandersetzt.

c) Sagen Sie niemandem etwas von Ihrem Date

Sicherlich wird Ihnen das nicht ganz leicht fallen, immerhin ist ein Date mit einem Millionär ein Glücksfall, von dem man möglichst viele in Kenntnis setzen möchte. Lassen Sie das bitte! Lernen Sie aus unseren Erfahrungen! Erstens verwandeln sich selbst die besten Freundinnen in Rivalinnen, wenn ein Sahnebonbon ausgerechnet Sie auserkoren hat. Es kostet unglaublich viele Nerven, wenn Sie die Missgunst Ihrer Freundin, der Sie doch sonst immer alles anvertraut haben, verarbeiten müssen (bspw., wenn sie von dessen Vermögen erfährt: »Ooooh, den musst Du mir unbedingt mal vorstellen!«). Noch schlimmer, wenn Ihnen Ihre Freundin plötzlich Ihr Selbstbewusstsein kaputt machen will [»Meinst Du, den Pickel kriegst Du bis dahin weg?« (logisch, dass dieser dann zu einem Atompickel mutiert!) oder »Das Kleid willst Du anziehen? Bei Deinem Hintern aber ganz schön mutig« oder »Steht der denn auf dicke Beine?«, »Wenn der wirklich so reich ist, was will der dann von Dir?«; Sie denken, das ist aber weit hergeholt? Keineswegs, das ist uns selbst passiert!], oder gar tief dekolletiert zum Date wie durch Zufall erscheint: »Nein, Du auch hier, das ist ja eine Überraschung!«.

Zweitens ersparen Sie sich durch Ihr Schweigen lästige Nachfragen wie: »Und, wie ist es gelaufen?« Schön, wenn es gut gelaufen ist, was aber, wenn der Auserwählte Sie offensichtlich nicht mehr wiedersehen will? Gönnen Sie anderen keine Schadenfreude wie »Das hab ich mir gleich gedacht« oder »Siehst Du, wärst Du mal gleich bei Bernd (dem Elektriker) geblieben!« o. Ä. Das hat im Übrigen auch den Vorteil, dass Sie nicht mehr so häufig an ein Fiasko erinnert werden. Nichts ist schlimmer, als über die eigenen Fehler bei dem Date nachzudenken, dem Millionär hinterherzuheulen und dann auch noch permanent darauf angesprochen zu werden: »Und, hast du noch mal was von ... gehört?«. Ersparen Sie sich das. Durch Weiterverbreiten setzen Sie sich ebenfalls unnötig unter Druck, Sie haben immer im Nacken, dass es nicht schief gehen darf, weil Sie sich nicht noch mal dieser Schmach aussetzen wollen. Sie wissen selbst, dass es Ihnen keine abnimmt, wenn Sie später erzählen, dass Sie kein Interesse mehr an ihm haben, weil er so angeberisch o. Ä. war.

Je mehr Vermögen und Renommee Ihr Auserwählter hat, desto unglaubwürdiger werden Ihre Ausreden. Würden Sie Ihrer Freundin so etwas glauben? Da müssten Sie dann als Ausreden schon härtere Sachen auftischen, die Sie dann aber schnell auch wegen Verleumdung, Rufmord und Beleidigung in Schwierigkeiten bringen könnten, bspw.: »Der Typ wollte sofort mit mir in einen Swingerclub« oder »Der hat Sex mit Tieren« oder »Der hat während des Essens seine Zähne rausgenommen und mir seine Popel auf den Teller gedrückt.« Ihrer Fantasie sind da keine Grenzen gesetzt, beschweren Sie sich aber nicht, wenn im worst case eine Klage in Ihren Briefkasten flattert! Sie sehen, manchmal ist es besser zu schweigen.

d) Die Stunde vor dem Date

Sie sind aufgeregt, was liegt da näher, als gegen diese Aufregung etwas zu tun? Aber bitte keine Beruhigungsdragees. Es gibt da doch Besseres: Trinken Sie einen kleinen Piccolo, damit Sie gut gelaunt, charmant und ohne Aufregung abgeholt werden können. Bitte trinken Sie nur so viel, dass Sie ein wenig Ihre Aufregung vergessen, aber nicht beschwipst sind, permanent aufstoßen müssen, eine rote Nase und glasige Augen bekommen. Auch eine Alkoholfahne sollten Sie vermeiden (nehmen Sie Pfefferminz). Tief Luft holen (aber nicht so, dass das Kleid platzt) und dann auf, auf! Klappt schon!

3. Das erste Date

Das erste Date steht an. Herzklopfen ist angesagt. Jetzt entscheidet sich, was aus dem zarten Pflänzchen Ihres ersten Kennenlernens wird. Ein vertrockneter Kaktus oder ein Meer voll Rosen, sprich: War das alles oder wird geheiratet?

Sie wollen nichts falsch machen, ihn nicht gleich vergraulen. Ihm wird das bei tatsächlichem Interesse nicht anders gehen. Das heißt aber nicht, dass Sie für ein zweites Date Kröten schlucken müssen. Benimmt er sich Ihnen gegenüber widerwärtig, können Sie selbstverständlich Ihre Konsequenzen daraus ziehen und sich nach einem neuen Millionär umschauen! Ihr Gegenüber sollte nicht in Ihrer Gegenwart mit dem Löffel im Ohr pulen oder furzen, wenn auch leise, und bei üblem Geruch bloß schelmisch grinsen oder sonst etwas dergleichen (alles schon erlebt, die Menschen sind bunt). Eine Ausnahme können Sie selbstverständlich machen, wenn Ihr Gegenüber ein über neunzig Jahre alter Millionär oder Milliardär ist, der seinen Enddarm nicht mehr unter Kontrolle hat.

Die folgenden Regeln sollen Ihnen helfen, das erste Date unbeschadet zu überstehen.

a) Kein Entgegenkommen!

Sie sollten darauf achten, von Ihrem Auserwählten abgeholt zu werden. Immerhin soll er sich ja auch ein wenig Mühe geben, Sie zu erobern. Dass er Sie abholt, heißt aber nicht, dass er dabei Ihre Wohnung betritt. Er soll klingeln und gefälligst an der Haustür auf Sie warten. Natürlich sollten Sie zusehen, dass Sie bis dahin komplett gestylt sind und sich nur noch Ihr Jäckchen oder was auch immer überwerfen müssen (und einen Spritzer Parfüm). Lassen Sie ihn nicht in Ihre Wohnung. Das ist derzeit Ihre ureigene intime Behausung, die einen Fremden nichts angeht. Er ist ja nun noch fremd. Sie wissen zu wenig von ihm, vielleicht wollen Sie ja auch selbst nach dem Date nicht, dass er Ihre Wohnung kennt, weil Sie ihn so abscheulich finden. Außerdem gibt es auch den einen oder anderen, der meint, an Ihrer Wohnung Ihren Charakter oder Ähnliches ablesen zu können, bspw. ob Sie eine fleißige und ordentliche Hausfrau sind, ob Sie wohlhabend sind, ob Sie aus seiner Sicht Geschmack haben o. Ä. Das verfälscht den Eindruck beim ersten Date. Außerdem wissen Sie auch nicht, ob er Sie nicht im Zweifel bei der ersten Gelegenheit in Ihrer Wohnung vergewaltigt oder es versucht. Das ist in den von Ihnen anvisierten Kreisen wahrscheinlich eher selten der Fall, wissen können Sie es jedoch nicht. Vermeiden Sie Risiken.

Wenn Sie sogar in Bezug auf die gemeinsame Autofahrt etwas ängstlich sind oder kein gutes Gefühl haben, machen Sie einen gemeinsamen Treffpunkt aus.

Manchmal sollten Sie von der Option, sich von zu Hause abholen zu lassen, auch aus anderen Umständen Abstand nehmen. Dies gilt z. B., wenn Sie in einem abbruchreifen Hochhaus, eingehüllt in unzählige Satellitenschüsseln, in der Lower East Side wohnen, der Hauseingang nach Urin riecht und Ihre zahnlosen Nachbarn im Doppelrippunterhemd die grauen Unterhosen auf dem Balkon aufhängen, obwohl Sie den Eindruck machen, in einer Villengegend aufgewachsen zu sein. Mit solchen Wahrheiten sollten Sie warten, bis die Beziehung sich ein wenig gefestigt hat, dann können Sie immer noch mit großen Augen und Wimpernklimpern fragen, ob er etwa nur hinter Ihrem Geld her gewesen sei.

Außerdem sollten Sie von dieser Option auch Abstand nehmen, wenn Sie verheiratet sind oder in einer Partnerschaft leben und Sie nicht wollen, dass Ihr »Alter« von Ihren Bemühungen erfährt.

b) Er führt!

So wie es selbstverständlich ist, dass er Sie zu dem vereinbarten Treffen abholt, so selbstverständlich ist es auch, dass er bestimmt, welches Lokal gewählt wird. Das hat zahlreiche Vorteile.

Erstens handelt es sich bei einem Millionär im Regelfall um einen Macher. Deswegen finden Sie ihn ja auch so anziehend. Zweitens zeigen Sie damit, dass Sie sehr feminin sind. Männer finden es zwar grundsätzlich toll, wenn die Frau selbstständig und unabhängig ist. Der Mann fühlt sich aber eher hingezogen zu Frauen, die ihre sinnlichen, sensiblen und empfindsamen Seiten haben, also als typisch weiblich, als feminin gelten. Immerhin hat er Sie auch angesprochen, gerade weil Sie sehr feminin in Ihrer Kleidung und Ihrem Habitus auf ihn wirkten. Er hat Sie sicher nicht auf einer Feministinnenbewegung kennen gelernt, auf der Sie stolz ihren Hängebusen unter einem Walle-Walle-Kleid mit Birkenstocksandalen an den Füßen präsentiert haben. Es ist kein Sozialpädagogikstudent, mit dem Sie sich treffen! Es ist seit Jahrhunderten so und es wird sich trotz der Emanzipation nicht ändern, dass es gewisse gesellschaftliche Spielregeln gibt. Und dazu gehört auch, dass gerade in diesen Kreisen der Mann sich auch als Mann fühlen will. Denken Sie daran, dass Sie damit auch sein Selbstwertgefühl stärken, Sie können ihn später sogar noch für die geschmackvolle Wahl des Lokals bewundern.

Eine Frau sollte sich auch als Frau darstellen (dass sie später die Hosen anhat, spielt hier keine Rolle), d. h. ihre Weichheit, Verletzlichkeit (damit meinen wir nicht, dass sie bei jeder Kleinigkeit anfangen zu heulen), Sinnlichkeit, Feinfühligkeit und nicht zuletzt ihren Charme und ihre Schönheit präsentieren. Zeigen Sie Ihre weiblichen Seiten nach außen offen und lassen Sie Ihre männlichen Seiten später im Stillen wirken.

Ob Sie es glauben oder nicht, Sie werden feststellen, dass Sie mit dieser Rolle glücklich sind. Zeigen Sie sich so feminin und attraktiv wie möglich. Dafür werden Sie auch von Frauen beneidet (gibt es eine bessere Bestätigung?). Keine Frau – und erst recht kein Mann – verehrt Sie wegen Ihrer Habilitation oder des Pulitzer-Preises, sondern wegen Ihres charmanten Auftretens.

Drittens können Sie dadurch feststellen, ob Ihr Auserwählter ein Geizhals ist. Lädt er Sie nämlich zu einer Portion Pommes in ein Schnellrestaurant ein, werden Sie wahrscheinlich ein sorgloses luxuriöses Leben weniger erwarten können, als wenn er Sie in ein Restaurant mit Sternekoch ausführt.

c) Er zahlt!

Er führt (zumindest dem äußeren Schein nach) und er zahlt! Das sollte selbstverständlich sein. Keine falsche Scheu! Machen Sie da keineswegs halbe Sachen oder noch schlimmer: Laden Sie ihn auf gar keinen Fall ein. Sollte er eine dumme Ausrede haben, dass er kein Geld hat oder dass er immer halbe-halbe macht, dann müssen Sie wohl in den sauren Apfel beißen und Ihr Portemonnaie zücken. Lassen Sie sich Ihre berechtigte Verstimmung anmerken, lassen Sie ihn stehen und fahren Sie mit dem Taxi nach Hause. So ein Mann taugt nichts. Dann können Sie sich ja gleich mit einem Studenten treffen.

d) Beenden Sie das Date

Sagen Sie, Sie hätten am nächsten Tag viel zu tun, müssten früh aus dem Haus oder Ähnliches. Treffen Sie sich zu Mittag, gilt das Gleiche: Sie haben Termine, Termine, Termine (Fingernagelstudio, Frisör etc., davon sollten Sie ihm natürlich nichts sagen).

Vergessen Sie nicht, dabei stets charmant und humorvoll zu sein, er soll sich doch auf das nächste Treffen freuen! Und er soll sich den Kopf darüber zerbrechen, ob es vielleicht noch andere Männer gibt, die mit Ihnen ein Rendezvous haben, und was Sie sonst den ganzen Tag über machen.

e) Empfehlenswerte Gesprächsthemen

Sie sind auf dem Laufenden, was das Tagesgeschehen angeht und kennen sich mit dem Geschäftszweig der Firma Ihres Liebsten aus, wenn Sie gut aufgepaßt haben. Gut, dann kann Ihnen eigentlich nichts passieren, mit aktuellem Tagesgeschehen findet man meist einen sinnvollen Einstand. Aber: Überlassen Sie ihm den Beginn, er wird sicherlich eine Einführung finden. Männer, die um eine Frau werben, reden meist sehr viel und an sich dreht sich alles um ihn, seine Leistungen und (wenn auch versteckt) um sein Vermögen. Letzteres häufig eingepackt in Geschichtchen: eine Story über einen Verkehrsunfall mit dem eigenen 911er, eine Anekdote über sein Schiff in Monte Carlo o. Ä. Was glauben Sie, warum er Ihnen das alles erzählt? Er möchte Ihr ernsthaftes Interesse und Ihre ungeteilte Aufmerksamkeit, also geben Sie ihm diese.

f) Nicht empfehlenswerte Gesprächsthemen

Unpassend sind die Themen »Kinder« und »Heirat«. Ebenso wenig dürfen Sie ihm Ihre Liebe beichten oder was Sie für ihn empfinden. Er muss den ersten Schritt tun. Das dient Ihrem Seelenschutz, weil Sie so Ihren Stolz behalten, auch wenn Sie eine Abfuhr bekommen. Zum anderen engen Sie ihn nicht ein und zwingen ihn nicht zur Flucht; er will Sie vielleicht erst einmal kennen lernen und ist sich über seine Gefühle nicht im Klaren. Wenn Sie ihn da mit Ihrer Liebe überfallen, kann er schnell Panik bekommen. Denken Sie daran: Er ist der Mann, er ist der Eroberer! Das ist sein Job!

Ihre Probleme sind als Thema ebenso verboten. Es interessiert niemanden, welche Krankheiten Sie als Kind hatten, welche asozialen Eltern Sie haben, dass Sie seit drei Jahren in psychiatrischer Behandlung sind, dass Ihnen Ihre Arbeit keinen Spaß macht, dass Sie in Ihren früheren Beziehungen permanent enttäuscht wurden, dass Sie auf der Hauptschule fünfmal sitzen geblieben sind oder dass Ihr Bruder im Gefängnis sitzt. Sie treffen sich nicht mit dem Mann, um den Psychiater zu sparen, Sie wollen, dass er sich für Sie interessiert.

g) Keep smiling!

Lächeln Sie, strahlen Sie gute Laune aus, seien Sie humorvoll, schlagfertig und unterhaltsam (natürlich den Themen angepasst, nicht wenn er gerade von einem verstorbenen Golfpartner spricht). Seien Sie Sie selbst! Bitte kein maskenhaftes oder affektiertes Lächeln. Seien Sie sich Ihrer privilegierten Stellung bewusst, freuen Sie sich, Sie werden diese Freude ganz natürlich ausstrahlen und ihn damit verzaubern. Er wird es nicht erwarten können, Sie wiederzusehen. Machen Sie sich bewusst, wie weit Sie es gebracht haben.

h) Seien Sie verführerisch!

Wie bereits oben ausgeführt, sollten Sie natürlich top gepflegt sein, nach teurem Parfüm duften und erotisch-elegant gekleidet sein. Das heißt beim ersten Treffen, dass Sie nicht zu tief dekolletiert auftauchen sollten. Ein zu tiefes Dekolleté könnte einen Mann, der tatsächliches Interesse an Ihnen hat, verunsichern oder einschüchtern.

Ein dunkles Wickelkleid, dass Ihre Kurven angemessen betont, aber nicht zu viel verrät, sollte hier als Beispiel dienen. Ebenso wenig offensiv sollte Ihre Rocklänge sein.

i) No Sex!

Auch wenn er Ihnen noch so große Komplimente macht: Mehr als einen Kuss auf die Wange oder auch auf den Mund (ohne Zunge!) sollten Sie ihm beim Abschied nicht zugestehen – wenn Sie ihn noch einmal wiedersehen wollen. Ansonsten ist dies in 99 % der Fälle die beste Art, sich uninteressant zu machen, und das wollen Sie doch nicht.

Lassen Sie ihn zappeln. Er wird auch nicht zu offensiv sein, wenn er tatsächliches Interesse hat, da er sich die Krönung für später aufheben will. Denken Sie auch daran: Alles, was tatsächlich begehrenswert ist, ist es auch wert, dass man darauf wartet. Sie stärken damit vor allem Ihre Machtposition und Ihr Selbstwertgefühl.

4. Das zweite bis vierte Date

Sie sind mittlerweile ein wenig miteinander vertraut, und sofern ER nach dem ersten Date die Initiative zu einem nächsten Treffen ergreift, folgt das weitere Kennenlernen ...

Viele Frauen machen gerade in dieser Situation Kardinalfehler, die das anfängliche Herzklopfen schnell erstarren lassen. Um Sie davor zu warnen, haben wir im Folgenden weitere Regeln aufgestellt. Beachten Sie aber, dass die oben genannten Regeln weiterhin Bestand haben, insbesondere Regeln Nr. 2 – 8.

a) Kein Anruf nach dem ersten Date!

Auch wenn es Ihnen schwer fällt: Hüten Sie sich davor, ihn nach dem ersten Date anzurufen. Geben Sie Ihrem Auserwählten die Möglichkeit, Sie zu vermissen. Vermisst er Sie, dann ruft er an, vermisst er Sie nicht, ruft er nicht an. Telefonieren Sie ihm hinterher, wird er das über Sie denken, was Sie in dem Moment auch tatsächlich sind: eine einsame, jämmerliche Kröte, für die sich sonst niemand interessiert. Warum sollte er sich noch einmal mit Ihnen treffen, wenn er nicht das Gefühl hat, um Sie kämpfen zu müssen? (Das ist bei Ihnen nicht anders: Wenn Sie eine Handtasche geschenkt bekommen, hat sie noch lange nicht den Wert für Sie, den sie hätte, wenn Sie um sie hätten kämpfen müssen – z. B. die letzte Tasche von Louis Vuitton aus der aktuellen Kollektion. Mit Engelszungen mussten Sie mit einer anderen Kundin diskutieren, sind für diese Tasche von Laden zu Laden, von Stadt zu Stadt gereist, haben für diese Tasche hart gearbeitet. Und? Würden Sie diese je wieder hergeben?

Wohl kaum. Das geschenkte Modell hingegen verschleudern Sie vielleicht eines Tages bei eBay! Warum sollte es bei einem Mann anders sein, der sich statt für Taschen für Frauen interessiert?) Geben Sie ihm eine Woche Zeit; meldet er sich nach dieser Woche nicht, dann haken Sie ihn ab und stürzen sich voller Euphorie in das nächsten Millionärs-Abenteuer.

Meldet er sich? Wunderbar. So haben Sie ihm auch die Möglichkeit gegeben, seine Stellung als Eroberer wahren zu können. Sie haben ihm durch Ihren Nicht-Anruf gezeigt, dass er um Sie kämpfen muss, er wird sich in der Zwischenzeit den Kopf darüber zerbrochen haben, ob Sie wohl auch noch Dates mit anderen Männern haben. Das zeigt ihm: Er muss sich jetzt anstrengen, er muss Ihnen etwas bieten! Hervorragend!

b) Seien Sie nicht frei verfügbar

Sie sollten nicht sofort parat stehen, wenn er Sie um 11 Uhr morgens aus dem Büro anruft und Sie um 13 Uhr zum Essen sehen will. Auch wenn Sie (und er) Spontaneität schätzen, zeigen Sie damit, dass Sie die ganze Zeit am Hörer sitzen und auf sein Startzeichen warten. Besser ist es, wenn Sie ihm (nach wie vor) das Gefühl vermitteln, dass Sie sehr beschäftigt sind und just zu der Zeit einen Termin (oder gar eine Verabredung?) haben.

Auch sollten Sie nicht jeden Tag für ihn Zeit haben, immerhin haben Sie ja auch noch andere Dinge zu tun! Sobald er das Gefühl hat, dass Sie nur auf ihn gewartet haben, stets springen, wenn er mit den Fingern schnippt, bei jedem Treffen und Anruf an seinen Lippen hängen, dann ist das Ende in Sicht, weil Sie uninteressant werden. Er wird dann noch so lange weiteres Interesse an Ihnen zeigen, bis Sie mit ihm im Bett waren, und dann wird er Ihnen versprechen, sich »wieder zu melden«. Sicherlich gibt es auch Ausnahmen, bei denen er sich auch ohne großes Erobern in Sie verliebt hat, oder Sie haben seine Zweifel im Bett »weggearbeitet«, allerdings ist dies weitaus mühsamer und kaum kalkulierbar.

c) Machen Sie ihm keine Geschenke

Das größte Geschenk, dass Sie ihm machen, ist, dass er Sie ausführen darf und Sie ihn begleiten. Wenn Sie ihm darüber hinaus Geschenke machen wie z. B. Konzertkarten besorgen o. Ä., dann zeigen Sie ihm zu massiv Ihr Interesse und seins wird schwinden. Im Übrigen drängen Sie sich durch so etwas auch zu sehr in sein Revier als Mann. Er ist der Eroberer! Denken Sie an Ihre femininen Seiten. Sie sind die Frau! Sie wollen Geschenke! Will er ins Konzert, soll er sich gefälligst darum kümmern!

Demzufolge nehmen Sie Geschenke selbstverständlich mit einem strahlenden Lächeln an. Ihr Strahlen darf natürlich variieren, was Größe und Wert des Geschenkes angeht. Für eine Karte ins Kino müssen Sie nicht in Freudentränen ausbrechen und ihm um den Hals fallen, für ein Schmuckstück oder ein Hermès-Carrée hingegen schon. Warten Sie mit Ihrer Freude aber ab, bis Sie das Geschenk geöffnet haben. Eine gute Freundin von uns ist einmal an einen reichen Proleten geraten, der Sie mit einem großen Geschenk – wundervoll verpackt – überrascht hat. Sie hatte vor Freude Tränen in den Augen, hat sich 10.000-mal bei ihm bedankt, während sie es noch öffnete. Was war drin? Eine Packung Mentholbonbons als Anspielung auf einen coolen Blow-Job.

Auch hier gilt, Stil und Haltung zu bewahren, Ihre Freude können Sie zeigen, wenn Sie sich von der Qualität des Geschenks überzeugt haben.

Bitte haben Sie bloß nicht das Gefühl, sich revanchieren zu müssen. Falls Sie ihm allerdings unbedingt etwas schenken wollen, dann sollte es maximal einen Bruchteil des Geschenks, das Sie von ihm bekommen haben, wert sein.

d) Kleiden Sie sich verführerisch!

Mittlerweile kennen Sie sich ja schon ein wenig besser, das gegenseitige Interesse wächst, nun können Sie sich auch ein wenig sexier kleiden, wenn Sie sich mit ihm treffen, natürlich – wie immer – nicht billig. Das Dekolleté darf ruhig etwas hervorblitzen (vielleicht ein Hauch der verführerischen Dessous) und seine (Vor-)Freude auf mehr steigern.

e) Gesprächsthemen

Seien Sie vor allem eine gute Zuhörerin und stellen Sie an den passenden Stellen interessierte und geistreiche Fragen.

Verbreiten Sie keine negative Stimmung und laden Sie ihm nicht Ihre Probleme auf. Bitte unterlassen Sie auch unsachliche Gespräche über Ihren Ex. Plaudern Sie nicht (wenn auch humorvoll) dessen sexuelle Vorlieben oder sonstigen Marotten aus, er wird denken müssen, dass Sie ebenso verantwortungslos und unsouverän Intimitäten seinem potenziellen Nachfolger erzählen.

Die erotische Stimmung können Sie ein wenig intensivieren, indem Sie erotische Themen anschneiden, Sie z. B. davon erzählen, dass Sie gerade einen Roman von Miller lesen, oder aus einem Buch über Vorlieben von Männern berichten und Sie ihn fragen, was er dazu denkt. Sie müssen den Eindruck hinterlassen, dass Sie keine Probleme mit Sex haben, Sie auf die Wünsche des Mannes eingehen, Sie selbst aber noch nicht so viel Erfahrung mit Männern haben.

f) No Sex, please!

Auch wenn es Ihnen schwer fällt, bis zum vierten Date sollten Sie sich ein wenig zurückhalten, was Sex angeht, Sie sollten jetzt nicht alles aufs Spiel setzen.

Steigern Sie hingegen seine (und Ihre) Vorfreude auf das erste Mal, indem Sie erotische Themen anschneiden und nicht gleich rot werden, sondern ihm dadurch zeigen, dass Sie nicht nur optisch viel versprechen, sondern auch halten.

Zum anderen können Sie die Vorfreude durch leidenschaftliche Abschiede mit innigen Küssen steigern. Auf den krönenden Abschluss sollten Sie aber warten! Sie zeigen damit Ihrem Auserwählten, dass Sie kein billiges Flittchen sind, und heben sich dadurch von der übrigen Konkurrenz ab, die aus Angst, ihn zu verlieren, bereits vorher mit ihm geschlafen hat. Garantiert! Haben Sie etwa auch Verlustangst? Das ist unberechtigt! Hat er nämlich Interesse an Ihnen (und nicht nur an Ihrem Körper), dann wird er auch warten. Wartet er nicht, wäre er spätestens nach Ihrem gemeinsamen Schäferstündchen verschwunden.

Wie Sie das Blatt auch drehen und wenden: Mit angemessenem Warten behalten Sie Ihren Stolz und Ihre Würde. Das imponiert Männern! Denken Sie an Ihre Zielgruppe. Es gibt Tausende von Frauen, die mit einem Millionär ohne Wenn und Aber ins Bett gehen. Eine Ausnahme ist eine willkommene Abwechslung und die Frau fürs Leben!

5. Das fünfte Date

Die Beziehung festigt sich. Ihr Auserwählter ist kein Fremder mehr. Sie merken, dass Sie sich von Mal zu Mal immer besser kennen. Eine vertraute Atmosphäre ist entstanden, die Ihnen (und ihm) das Gefühl vermittelt, dass Sie über die Phase eines doch eher harmlosen Flirts hinweggekommen sind und nun die Basis für eine gemeinsame Zukunft entsteht.

Folgende Tipps sollen Ihnen helfen, typische Fehler, die in dieser Phase häufig auftauchen, zu vermeiden. Immerhin wollen Sie ihn doch heiraten, da heißt es, nicht ungeduldig werden!

a) Gesprächsthemen

Mittlerweile können Sie ihn auch in eher vertraute Dinge einweihen, schließlich darf er ruhig wissen, dass man mit Ihnen auch ernsthaft über Probleme diskutieren kann und dass Sie nicht als permanent lächelnde menschgewordene Happy-Pill umherwandeln. Mit Ihnen kann man reden! Er ist an Ihrer Herkunft und Ihrem Schicksal interessiert, er überlegt, Sie als seine Frau fürs Leben anzunehmen. Übertreiben Sie aber nicht in Ihren Erzählungen und bleiben Sie sachlich, denn: Auch wenn Sie ihm jetzt Dinge über Ihr Leben berichten, heißt das noch nicht, dass er Ihr Psychiater ist. Behalten Sie Ihren Seelenschmerz für sich, ebenso Enttäuschungen durch frühere Beziehungen. Auch sollten Sie tatsächlich finstere Gestalten aus Ihrer Familie oder aus Ihrer persönlichen Geschichte weglassen, vergessen Sie die am besten. Wenn Sie später die Geschichte einholt, können Sie ihm immer noch alles beichten (sehen Sie sich Mette-Marit an, die hat sicherlich auch nicht nach dem fünften Treffen gleich von ihren Drogenerfahrungen und Männern erzählt). Auch was die Anzahl Ihrer bisherigen Liebschaften angeht, so sollten Sie die Zahl bewusst nach unten korrigieren.

Kommen Sie von sich aus – nach wie vor – nicht auf das Thema Heirat und Kinder! Das sollte von ihm angeschnitten werden!

b) Er führt nach wie vor!

Dazu gehört auch, dass Sie ihm nicht permanent (wenn auch freundlich) sagen, was er zu tun hat. Das soll er selbst entscheiden – als Macher. Es sei denn, er bittet Sie ausdrücklich darum.

c) Sie ändern ihn nicht!

Wie ganz normale Männer kann man auch Millionäre nicht ändern!

Ein Versuch wäre reine Sisyphus-Arbeit. Verlieren Sie nie Ihr Ziel aus den Augen: Sie wollen einen Financier, einen Millionär, der Ihnen ein sorgenloses Leben bietet. Sollte er extrem geizig sein, ist daran nichts zu machen: Trennen Sie sich wieder!

d) Behalten Sie Ihre Macht!

Ziehen Sie in den ersten drei Monaten nicht zu ihm! Behalten Sie Ihre Unabhängigkeit und Ihren privaten Schutzwall um sich herum.

Dazu gehört auch, dass Sie ihm keinesfalls hinterherlaufen. Macht er sich rar, telefonieren Sie ihm nicht hinterher oder fordern Sie Gespräche und Treffen ein. Will er ziehen, dann lassen Sie ihn ziehen. Krampfhaftes Festhalten führt meist zur Flucht. Dann hat er halt seine Chance verpasst. Behalten Sie Ihren Stolz!

e) Machen Sie ihn hörig!

Das schaffen Sie natürlich nicht nur damit, dass Sie stets charmant, geistreich und humorvoll sind, sich mit seinen Freunden gut verstehen, Sie sich auf gesellschaftlichem Parkett bewegen können und blendend aussehen, sondern – so profan es auch ist – mit gutem Sex!

Halten Sie, was Sie zuvor versprochen haben. Mit guten Fellatii machen Sie ihn hörig! Gehen Sie auf seine Wünsche ein. Seien Sie beim ersten Mal nicht zu offensiv und holen Sie Ihr Spielzeug erst bei den nächsten »Happy hours« aus der Schublade. Zeigen Sie ihm, dass er der Größte ist, Sie noch nie so guten Sex hatten und er ein wahrhaftiger Meister seines Fachs ist. Ihrer Phantasie sind keine Grenzen gesetzt. (Üben Sie vorsichtshalber gespielte Orgasmen, nicht dass er denkt, Sie bekämen einen Schlaganfall, wenn Sie sich zu plump anstellen.)

Akzeptieren Sie es, wenn auf Ihre Bedürfnisse nicht oder wenig eingegangen wird. Sie wollen ja hauptsächlich einen Millionär haben. Denken Sie bitte daran: Millionäre haben die freie Auswahl, sie werden sich für die Frau entscheiden, die ihnen sexuelle Befriedigung auf höchstem Niveau bietet und im Bett nicht nur an sich denkt. Auf keinem Gebiet kann man einen Mann schneller um den Finger wickeln als im Bett, so billig es auch klingt. Ist dies nicht gewährleistet, so wird er stets Augen für andere Frauen haben und sein Geld (wenn auch heimlich) im Bordell lassen. Wozu sollte er Sie heiraten?

Es ist auch in Ihrem Interesse, sich von Ihren Vorgängerinnen positiv abzuheben. Sie wollen ihm gefallen! Wenn Sie ihn lieben, wollen Sie, dass er sexuell befriedigt ist. Also gehen Sie ganz selbstbewusst und souverän mit diesem Thema um. Der Erfolg ist Ihnen sicher und Sie haben obendrein eine schier unangreifbare Machtposition!

Verlangt er Sachen von Ihnen, die Sie keinesfalls wollen, dann lassen Sie es! Leben Sie mit den Konsequenzen und suchen Sie sich einen neuen Millionär!

6. Was zu tun ist, wenn er sich nicht mehr meldet

Schade, es hätte was werden können, aber Ihr Auserwählter hat offensichtlich keinen Geschmack und keinen Stil! Er ruft Sie nicht mehr an, obwohl Sie bislang alles richtig gemacht haben; Sie hatten vielleicht nach dem 5. Treffen Sex und daraufhin sagte der Schuft nur »adios«? Egal, wir hoffen, Sie hatten wenigsten Spaß bei der Nummer, und wenn nicht, umso besser, dass er weg ist, was wollen Sie mit so einer Null?

a) Nicht hinterhertelefonieren!

Das gilt in dieser Situation ganz besonders. Viele Frauen rufen ihrem »Schatz« hinterher und fragen (blöd, wie sie sind) nach den Gründen für sein nun mangelndes Interesse, wo er sich doch vorher so bemüht hat! Mal ehrlich, was wollen Sie denn von ihm hören? Dass er sein Fehlverhalten einsieht und nun reumütig zurückkommt? So enden nicht einmal Grimmsche Märchen! Bleiben Sie realistisch und fragen Sie sich, ob Sie seine ehrliche Antwort überhaupt hören wollen ...

(1) Meldet er sich nach den einzelnen Treffen nicht mehr, und Sie waren noch nicht miteinander intim?

Dafür gibt es im Regelfall zwei Gründe (neben fehlendem Geschmack):

(a) Es dauerte ihm zu lange:

Dann ist er ein erbärmlicher Hurensohn, der nicht abwarten konnte, Sie zu »erlegen«.

(b) Er ist Ihnen intellektuell nicht gewachsen:

Ja, was sollen Sie dann mit ihm? Er hätte Sie früher oder später eh zur Verzweiflung gebracht.

(2) Meldet er sich nicht mehr, nachdem Sie mit ihm intim waren?

Hierfür gibt es meist drei Gründe:

(a) Er wollte ausschließlich mit Ihnen ins Bett.

Vergessen Sie ihn; hoffentlich hatten Sie wenigstens etwas Spaß dabei.

(b) Er ist Ihnen nicht gewachsen.

Sie haben ihn wahrscheinlich sexuell überfordert, er ist meist eine lahme Pflaume im Bett, hat nun Angst vor Ihnen, zumal er nach Ihrem Schäferstündchen drei Tage nicht mehr gehen und eine Woche lang nicht schmerzfrei Wasser lassen konnte.

(c) Sie haben dieses Buch irgendwo herumliegen lassen und er hat es bei Ihnen gesehen.

Unserer Meinung nach hat es wenig Sinn, ihm zu sagen, dass Sie nicht hinter seinem Geld her sind und dass Sie dieses Buch nur geschenkt bekommen haben. Er wird schwer enttäuscht sein von Ihnen. Tja, Pech (für ihn)! Wo gehobelt wird, fallen Späne! Merken Sie sich für den Nächsten, dieses Buch wegzuschließen.

Wie Sie es drehen und wenden: Sie kennen die Gründe! Mit ein wenig Nachdenken kommen Sie selbst drauf. Sie brauchen doch nicht das vernichtende Urteil eines Losers (wenn auch eines reichen Losers). Sie haben nichts davon. Er wird Ihnen vielleicht sagen, dass er keine Zeit mehr hat und dies nichts mit Ihnen zu tun hat, oder aber er beichtet Ihnen von der Frau seines Herzens, oder er sagt, er meldet sich wieder, oder, oder, oder. Das ist unökonomisch und belastet Ihre Telefonrechnung.

Oder aber er wird persönlich, sagt Ihnen vielleicht, dass Ihr Hintern für ihn zu dick sei, Ihre Füße zu krumm, Ihre Brüste zu lang, Ihr Atem zu schlecht oder, oder, oder. Auch das brauchen Sie nicht, da Sie dies grundlos demotiviert.

(3) Sie waren mit ihm intim und sind nun schwanger. Kommunizieren Sie mit ihm über Ihren Anwalt und lehnen Sie sich getrost zurück. (Nach wie vor aber unsere eindringliche Warnung: Gehen Sie mit Ihrer Gesundheit pfleglich um, wir können Ihnen ungeschützten Verkehr auch bzw. gerade mit einem Millionär absolut nicht empfehlen, bevor Sie keinen Aidstest in der Hand halten!)

b) Keine Rachegelüste!

Das brauchen Sie nicht, Sie sind keine geprügelte Arbeiterfrau, keine pubertierende Schülerin oder sonst etwas. Sie hatten Ihren Spaß; machen Sie sich insgeheim über ihn lustig! Das Wichtigste ist: Wahren Sie Haltung! Sie haben Stil und Geschmack, sind schlau, warum sollten Sie solch niedrigen Gelüsten wie Rache nachgehen? Stellen Sie sich – wenn es unbedingt sein muss – besser vor, dass Ihr Verflossener verstorben ist. Streichen Sie ihn aus dem Kopf. So behalten Sie Ihre Macht. Üben Sie hingegen Rache (beispielsweise durch lächerliche Telefonate, zerstochene Autoreifen, Zucker im Autotank oder Klebstoff in Türschlössern) aus, sieht er nur, wie verletzt Sie sind, und würde sich heimlich ins Fäustchen lachen, weil er noch ein Herz (neben den 1000 anderen) gebrochen hat.

Stehen Sie über den Dingen.

c) Lassen Sie sich keinesfalls fallen!

Fressen Sie sich nicht voll und unterlassen Sie auch nicht das Haarewaschen und Nägelschneiden und Parfümieren! Suchen Sie nicht nach Fehlern bei sich. Im Gegenteil: Spielen Sie Phönix! Werden Sie noch atemberaubender, noch sexier, gehen Sie einkaufen und gönnen Sie sich wieder einen Luxusartikel, kleiden Sie sich erotisch-elegant, studieren Sie wieder den Feuilletonteil, gehen Sie ins Theater, in Museen, verabreden Sie sich. DAS LEBEN IST SCHÖN! Genießen Sie das Leben und justieren Sie Ihre Millionärsantennen erneut. Wackeln Sie mit dem Po und schreiten Sie wieder mit Ihren High-Heels, Ihrem gewinnenden Lächeln durch die Szene, die nächsten Millionäre und mindestens einer, der Sie heiraten will, stehen schon sabbernd Schlange und warten, Sie kennen lernen zu dürfen, Sie atemberaubendes, hinreißendes Luxusgeschöpf!

Verbannen Sie alle negativen Gedanken aus Ihrem Kopf, keine unserer Freundinnen (und wir auch nicht) hat bislang den erstbesten Millionär geheiratet, auch als angehende Millionärsgattin muss man halt zahlreiche Frösche küssen. Sehen Sie den Ersten als Bestätigung für Ihren richtigen Weg und als billiges Übungsobjekt! Mehr ist er nicht! Mehr wird er nur, wenn Sie es in Ihren Gedanken zulassen.

Bereiten Sie sich auf das nächste Date vor, das ist für Ihre Zukunft wichtiger, als sich in negative Gedanken einzuigeln.

Denken Sie daran: Andere Mütter haben auch schöne Millionärssöhne!

Kapitel VI

WELCHE STEINE ES GIBT UND WIE MAN SIE AUS DEM WEG RÄUMT

Leider müssen wir Frauen uns immer wieder mit allerlei Hindernissen und Problemen auf unserem Weg nach oben auseinander setzen. Aber auch hier gilt: Stecken Sie den Kopf nicht in den Sand, sondern wachsen Sie an Problemen. Probleme sind verkleidete Möglichkeiten!

1. Der Auserwählte ist verheiratet oder in einer festen Beziehung

Sie haben sich in einen Mann verguckt, von dem Sie anhand ausgiebiger Recherche wissen, dass er ein Sahnebonbonmillionär ist, und stellen fest, dass der Gute schon in festen Händen ist? So what? Lassen Sie sich nicht vom Vorhandensein einer Frau abschrecken. Abschrecken sollte Sie höchstens ein Mann an seiner Seite ...

Auch wenn manch romantischer Frau, die noch von der großen Liebe träumt, jetzt die Tränen der Bitterkeit kommen: Die Zeiten, in denen es galt, die Finger von verheirateten Männern zu lassen, sind vorbei.

Die Schmerzgrenze von Frauen, die wissen, was sie wollen, ist sehr hoch, insbesondere dann, wenn es um das Ausstechen von Geschlechtsgenossinnen geht. Und fast alle Frauen wollen einen reichen Mann – Sie doch auch, was völlig legitim ist.

Haben Sie keine falsche Scheu davor, die Ehefrau zu kränken. Im Zweifel ist es nicht die erste Frau des Millionärs und sie hat es wahrscheinlich mit ihrer Vorgängerin nicht anders gemacht. Schlimmstenfalls blüht Ihnen ein ebensolches Schicksal in der Zukunft.

Genau genommen können Sie seine Ehefrau nicht wirklich verletzen. Ist der Ehemann treu, wird er gewiss Ihre Flirtversuche ignorieren. Ist der Mann nicht treu, ist es nur eine Frage der Zeit, wann er seine Frau betrügt. Und sind Sie dann nicht diejenige, mit der er seine Frau betrügt, dann findet er 1000 andere Frauen, die diese Funktion erfüllen. Dann ist es auch nur eine Frage der Zeit, wann seine Frau mit der Realität konfrontiert wird. Sicherlich, die Wahrheit ist ein bitterer Fratz. So ist das Leben.

Will der Mann Sie dauerhaft nur als Geliebte und nicht als (neue) Ehefrau, dann machen Sie das so lange mit, bis Sie nach Vorlage des Aidstests auf Kondome verzichten können. Versichern Sie ihm, dass Sie die Pille nehmen, und setzen Sie sie ab. Wenn Sie für sich entschieden haben, dass Sie ein Kind möchten, dann drehen Sie ihm eins an. Entweder er heiratet Sie jetzt oder er lässt es bleiben. Im letzteren Fall muss er wenigstens zahlen und Sie können die Zeit mit dem Baby genießen (beschweren Sie sich ruhig, wenn der Papa dann zum Geburtstag des Kindes nur einen Teddy schickt ...). Außerdem erhält das Kind einen vollen Erbanspruch gegenüber dem Papi bzw. dessen Erben!

Will der Mann Sie dann heiraten, ist das auch gut, aber seien Sie nicht so naiv und erwarten ewige Treue von ihm. Das, was er mit Ihrer Vorgängerin gemacht hat, wird er eines Tages vermutlich auch mit Ihnen machen. Es sei denn, er ist über 100, Sie sind seine 5. Frau, und das nächste Bett, in das er sich hineinkuschelt, ist das Sterbebett.

Für seine Ex ist es auch das Beste. Die wird abgefunden und kann sich auf die Suche nach dem neuen Mann machen! Wissen Sie jetzt, welch guter Mensch Sie sind?

Bedenken Sie daher: Solange Sie akzeptieren, dass Ihnen nach einigen Jahren Ehe mit diesem Mann dasselbe blühen könnte, ist das »Ausspannen« eines verheirateten Millionärs in Ordnung. Sehen Sie zu, dass Sie schnell schwanger werden, dann kann er Sie im Falle einer Scheidung nicht ohne Unterhalt und Abfindung abservieren. Als clevere Millionärsjägerin sollten Sie sich bei einem Mann, der Ihretwegen seine Frau verlässt, von Anfang an absichern. Solange Ihr Mann Ihnen vertraut und in dieser Hinsicht nichts Böses zutraut, sollten Sie sich Kopien aller wichtiger Unterlagen fertigen und diese Dokumente in einem Safe, von dem Ihr Liebster niemals erfahren darf, hinterlegen. Zu solchen Unterlagen gehören in jedem Fall seine Aktiendepots bzw. Auszüge daraus, Kopien von Immobilienbesitzurkunden und Fonds, Kopien seiner Verdienstnachweise bzw. der Steuererklärungen und Kopien aller anderen Vermögensnachweise, auch und vor allem solcher, die am Finanzamt »vorbei« gehen. Kopieren Sie Fahrzeugscheine von Autos und Besitzurkunden von Booten oder Flugzeugen, machen Sie sich Listen mit den Namen seiner Angestellten und erschleichen Sie sich das Vertrauen seiner leitenden Angestellten, um über die Vermögensverhältnisse Ihres Mannes bestens im Bilde zu sein. Dann kann er Sie im Fall einer Scheidung nicht einfach damit abservieren, dass die Geschäfte zurzeit nicht gut gingen und er dem Kind keinen höheren Satz als den der Düsseldorfer Tabelle zahlen kann. Seien Sie stets auf der Hut und denken Sie immer daran, dass er Sie eines Tages verlassen könnte. Lassen Sie diesen Gedanken bitte nicht Ihren Tagesablauf beherrschen, denn er lässt Sie zu einer verbitterten und misstrauischen Partnerin werden, die unter Garantie schnell verlassen wird. Seien Sie weiter nach außen hin fröhlich und zufrieden, seien Sie aber niemals naiv! Verfahren Sie nach dem Grundsatz »Vertrauen ist gut, Kontrolle ist besser«.

Gut möglich, dass Ihr Mann bei Ihnen bleibt und stets von Ihrer Einzigartigkeit geblendet bleibt, also kein Grund zum Griesgram!

2. Sie sind verheiratet oder in einer festen Beziehung

Sie haben sich dieses Buch gekauft, obwohl Sie in einer Beziehung leben – sicherlich nicht ohne Grund! Ihr jetziger Partner ist offensichtlich nicht der Richtige für Sie. Sie haben die Möglichkeit, sich vorab von ihm zu trennen und als Single auf die Suche zu gehen. Sie haben aber auch die Möglichkeit, die eventuell vorhandenen Annehmlichkeiten einer Beziehung weiterhin in Anspruch zu nehmen, bis Sie einen Neuen gefunden haben.

In letzterem Fall müssen Sie sich einige (Not-)Lügen zurecht legen, damit Ihr jetziger Partner keinen Verdacht schöpft und Ihnen vorab einen Strich durch die Rechnung macht oder Ihnen anderweitig Unannehmlichkeiten bereitet.

Wundert sich Ihr Mann, dass Sie sich in letzter Zeit mehr um sich und um Ihr Äußeres kümmern? Sagen Sie, Sie hätten sich jetzt eine neue Zeitschrift gekauft, die Ihnen diese Tipps gibt, immerhin »wollen Sie ihm doch weiterhin gefallen«, oder Sie haben gemerkt, dass Sie mehr für Ihre Gesundheit tun müssen, Sie werden ja auch nicht jünger, das müsse schließlich auch in seinem Interesse sein, etc.

Melden Sie sich in einem Fitnessstudio an. So haben Sie die Möglichkeit, oft aus dem Haus zu kommen, ohne dass Ihr Partner Verdacht schöpfen muss. Dort haben Sie neue Freundinnen kennen gelernt und Sie tauschen gegenseitig Schminktipps aus.

Außerdem können Sie Mitglied in Theater-, Kultur- und Musikvereinen werden. So haben Sie die Möglichkeit, auch mal abends rauszukommen. Wenn Ihr Mann bisher keine Lust dazu hatte, wird er auch jetzt sicherlich nicht mitkommen wollen. Er wird Ihr Verhalten als alberne Kasperei abtun. Umso besser!

Auch Kurse an der VHS können Ihnen ein Alibi verschaffen.

Vergessen Sie das Flirt-Handy nicht.

3. Der Zukünftige will einen Ehevertrag

Ihr Auserwählter will tatsächlich einen Ehevertrag? Kein Problem! Meist gehört ihm die Firma nicht ganz allein und er hat Teilhaber; da ist er aus Gründen der Unternehmenserhaltung geradezu gezwungen, einen Ehevertrag zu schließen. Sie sollten nichts gegen einen solchen Vertrag haben, sie sollten ihn aber auch nicht blind unterschreiben. Am besten suchen Sie sich eine Fachanwältin für Familienrecht aus, der Sie den Vertrag zu Prüfzwecken überreichen. Es versteht sich von selbst, dass Sie bei der Wahl der Rechtsanwältin nicht dem Rat Ihres Zukünftigen folgen, sondern entweder in einem Frauenbranchenbuch nachsehen oder Freundinnen um eine Empfehlung bitten. Gut sind Anwältinnen, bei denen man schon anhand des Briefkopfes erkennt, dass sie nicht nur Arbeitsbienen in einer männerdominierten Wirtschaftskanzlei sind, sondern tatsächlich etwas zu sagen haben.

Sie sollten keinen Ehevertrag unterschreiben, in dem Sie gänzlich auf Unterhalt für sich verzichten, auch sollten Sie sich Gedanken dazu machen, was im Alter aus Ihnen wird, falls Sie eines Tages geschieden werden. Lassen Sie sich auf keinen Fall darauf ein, im Fall einer Scheidung ohne Altersvorsorge zu bleiben.

Leider sind die Frauen oft genug nicht in einer guten Verhandlungsposition und unterschreiben alles in der Hoffnung, geheiratet zu werden – im Zweifel noch irrgläubig und hoffnungslos naiv als Symbol der Liebe. Man kann Eheverträge zwar auch noch während der Ehe modifizieren, aber wer kommt schon in Zeiten, in denen man sich vertraut und liebt, darauf, dass eine Scheidung anstehen könnte und man deshalb den Ehevertrag ändern müsste? Die meisten eheschließenden Frauen denken nun einmal bei der Hochzeit nicht daran, eines Tages vor dem Scheidungsrichter zu stehen (Männer schon, sonst würden sie nicht auf die Idee mit dem Ehevertrag kommen ...). Versetzen Sie sich einmal in die Position des Mannes, der einen Ehevertrag verlangt. Was will der Millionär in diesem Fall?

Er will ALLES.
Eine Hausfrau,
Kinder, zur Sicherung des Fortbestands seines Geschlechts,
guten Sex,
Freizeit,
Freiheit,
keine Kosten,
seinen Verdienst und sein Vermögen für sich behalten.

Was bedeutet das für Sie? Sichern Sie sich Ihre Rechte! Machen Sie dem Millionär deutlich, dass er Sie heiratet, weil er Sie liebt, und dass es ihm nicht egal sein kann, was aus der Frau, die er heute liebt, morgen wird, wenn die Ehe geschieden werden könnte. Lassen Sie sich nicht einschüchtern von Argumenten, die Ihnen eine habgierige Intention unterstellen, schließlich ist er der Geldgierige, der Angst um sein Hab und Gut hat. Gerade er denkt nicht daran, dass die Ehe solange hält, »bis dass der Tod Euch scheidet«, wenn er einen Ehevertrag von Ihnen fordert.

Eine gute Verhandlungsposition haben Sie übrigens, wenn Sie schwanger sind. Schließlich tragen Sie dann bereits vor der Eheschließung sein Fleisch und Blut in sich und können für sich bessere Konditionen erstreiten. Lassen Sie also ehevertraglich ruhig alles regeln, verzichten Sie aber nie vollständig auf Unterhalt für Ihre Person oder den Versorgungsausgleich für Ihr Alter. Wenn Sie schon auf den Versorgungsausgleich verzichten, dann nur gegen eine adäquate Gegenleistung, zum Beispiel in Form eines vermögensrechtlichen Ausgleichs = Geld, oder indem Ihr Liebster eine Lebensversicherung zu Ihren Gunsten abschließt und bedient. Ihre Anwältin wird Ihnen schon die richtigen Tipps geben. Für jeden Verzicht sollte es eine Gegenleistung geben. Da mit Sicherheit durch den Ehevertrag der Zugewinnausgleich ausgeschlossen wird, sollte Ihr Liebster Ihnen auch hier eine angemessene Abfindung zugute kommen lassen, die sich ähnlich wie in Arbeitsverhältnissen an der Dauer Ihrer Ehe messen sollte.

4. Der Auserwählte meldet sich nur, wenn er Sex haben will

Es liegt natürlich ausschließlich bei Ihnen, was Sie mit dem Schmarotzer machen. Immerhin könnte es für ihn sicherlich jahrelang so weitergehen, er hat seine Frau zu Hause und Sie als sexuellen Ausgleich. Ihre Entscheidung sollten Sie davon abhängig machen, ob Sie mit diesem Mann auch in Zukunft in (zahlendem) Kontakt bleiben wollen oder ob Sie sich lieber wieder auf die Suche machen nach einem neuen Millionär, der Sie nicht nur als Betthupferl benutzen will.

Eines steht fest: Dauerhaft glücklich werden Sie in dieser Konstellation sicher nicht. Zum einen werden Sie ja auch älter (und im Zweifel zunehmend uninteressanter – zumindest für diesen Mann) und vergeuden so nur Ihre Zeit. Zum anderen werden Sie den von Ihnen ins Auge gefassten Status nicht erreichen, vielleicht mietet er für Sie eine Wohnung (wovon wir Ihnen nur abraten können. Wenn schon, dann eine Eigentumswohnung, ansonsten begeben Sie sich unnötig in Abhängigkeit), schenkt Ihnen ab und zu ein paar schöne Dessous oder hin und wieder ein Schmuckstück. Doch so richtig befriedigen wird Sie das nicht.

Stört Sie Ihre Position als armes Betthascherl sehr stark und sind Sie richtig wütend auf Ihren Millionär? Dann trennen Sie sich von ihm! Setzen Sie ihm ruhig die Pistole auf die Brust. Er soll wissen, dass Sie sich von ihm trennen, wenn er sich nicht von seiner Frau scheiden lässt. Reagiert er gelassen, dann geben Sie ihm den Laufpass! Machen Sie sich auf die Suche nach Mr. Right mit Millionenkonto! Immerhin haben Sie ganz offensichtlich Vorzüge, für die Sie ein anderer Mann vom Fleck weg heiraten würde! Lässt er sich scheiden, dann haben Sie doch, was Sie wollen!

5. Der Auserwählte ist der personifizierte Geiz

Er ist glücklich, wenn er das Geld auf dem Konto zählen kann? Seine Augen funkeln, wenn er im Supermarkt das Wort »Sonderangebot« liest, obwohl es sich hier um vergammeltes Fleisch vom Vortag handelt? Er lässt nichts zurück, wenn es irgendwo etwas umsonst gibt? Ist sein Lebensmotto: »Nehmen ist seliger denn geben« und »Haben kommt von behalten«? Ja, da haben Sie sich einen fleischgewordenen Dagobert Duck angelacht! Das »herzlichen Glückwunsch« ersparen wir uns lieber!

Hier sollten Sie abwägen: Ist er jung und gesund? Dann können Sie überlegen, ob Sie ein Kind von ihm haben möchten. Die Vorteile kennen Sie bereits.

Eine Hochzeit würden wir mit so einem Mann nur eingeschränkt empfehlen. Sie werden den von Ihnen so heiß ersehnten Lebenswandel nicht erreichen können, da er Sie vermutlich sehr knapp halten wird.

Eine Ausnahme würden wir wohl machen, wenn er einen guten Namen hat (adelig oder alteingesessener Industrieller), dann können Sie sich nach kurzer Zeit wieder scheiden lassen und mit seinem Namen bzw. Titel durch die Gegend laufen. Mit dem richtigen Namen/Titel haben Sie sofort Zutritt zu den besten Kreisen.

Auf eine Abfindung bei einer Scheidung brauchen Sie nicht zu hoffen. Als eingefleischter Don Geizo wird er sicherlich keine Ehe ohne gnadenlosen Ehevertrag eingehen.

Heiraten können Sie auch ausnahmsweise, wenn Ihr Auserwählter uralt ist und sein Geiz als Altersdemenz gewertet werden kann. Dann können Sie ihn im Zweifel bald beerben und sein Geld mit vollen Händen ausgeben.

6. Der Auserwählte hat Schwächen, die Sie nicht akzeptieren können

Egal um welche Art Schwäche es sich handelt: Überlegen Sie genau, ob es tatsächlich um eine für Sie inakzeptable Schwäche geht. Denken Sie an Billy Wilder: »Nobody is perfect!«. Hat er keine anständigen Tischmanieren oder brüllt er Ihnen im Restaurant zu laut? Ist egal, er ist doch reich! Mit der Zeit und mit viel Liebe können Sie ihm ja ein paar Tischmanieren beibringen, er wird sich Mühe geben, Ihnen zu gefallen, wenn er Ihnen erst einmal hörig ist.

Die meisten Dinge, die uns an anderen Menschen stören, sind gar nicht so gravierend. Wir selbst stecken doch auch voller Macken und waren bislang froh, sie ausleben und pflegen zu dürfen. Mit viel Verständnis und Toleranz, die Sie im Leben allgemein aufbringen sollten, wird es Ihnen gelingen, die Schwächen Ihres Geliebten auszuhalten oder besser noch: ihn dazu zu bringen, sie Ihnen zuliebe abzulegen.

a) Er raucht!

Mäkeln Sie nicht an seiner Nikotinsucht herum. Muten Sie dem Mann Ihrer Träume so viel Eigenverantwortung zu, dass er sich trotz des Gesundheitsrisikos dieser Passion hingibt. Wenn Sie der Qualm stört, dann öffnen Sie einfach das Fenster oder gehen Sie kurzzeitig in einen anderen Raum. Meist lässt sich der blaue Dunst jedoch aushalten, ohne in ernsthafte Atembeschwerden zu geraten.

Raucht er harte Drogen, dann trennen Sie sich besser von ihm!

b) Er trinkt!

Wenn Ihr Liebster – im Gegensatz zu Ihnen – gerne mal etwas über den Durst trinkt, sollten Sie ihn nicht ständig vor seinen Freunden oder Kollegen dazu ermahnen, kein Bier mehr zu trinken. Das sieht für die anderen Beteiligten so aus, als seien Sie eine Bremse, die ihrem Mann keinen Spaß gönnt. Keiner glaubt, dass Sie sich Sorgen um ihn machen, weil Sie ihn kennen und wissen, dass er nichts verträgt. Die anderen sehen in ihm den witzigen Gesellen, der mit jedem Bier lustiger wird, und Sie sehen sich am nächsten Tag das Elend von Mann versorgen oder gar die Spuren seiner nächtlichen, unkontrollierten Auswürfe, gleich welcher Art, unter Überwindung erheblichen Ekels zu entfernen. Was können Sie also tun? Sollte es Ihnen das erste Mal passieren, müssen Sie durch die Hölle mitgehen. Das heißt, Sie müssen ihm helfen, wenn er sich unkontrolliert übergibt, und im schlimmsten Fall die Spuren beseitigen. Richten Sie sich auf eine schreckliche Nacht und eventuell einen eintönigen Tag ein. Wenn er wieder bei Verstand und ansprechbar ist, bitten Sie ihn eindringlich, diese Aktion nicht zu wiederholen. Er wird ein schlechtes Gewissen haben und Sie sollten nicht mit drastischen Beschreibungen hinsichtlich Konsistenz und Gerüchen seiner »Ausbrüche« sparen. Wenn er anständig ist, wird er seinen peinlichen Auftritt und Ihre aufopferungsvolle Hilfe zu würdigen wissen und Ihnen eine angemessene Entschädigung, sei es mit einem Kurzurlaub oder einem schönen Schmuckstück oder einer Designerhandtasche, zukommen lassen. Dann lassen Sie es gut sein und erwähnen diesen Vorfall nie wieder, schon gar nicht vor Freunden und Bekannten.

Sollte er sich bei einer der nächsten Anlässe allerdings wieder voll laufen lassen, dann verlassen Sie ohne Abschied klammheimlich die Veranstaltung und nehmen Sie sich ein Taxi nach Hause. Bei dieser Gelegenheit sei erwähnt, dass Sie sich bitte niemals ausschließlich auf ihn verlassen, was das Bezahlen angeht. Sicher sollte er Sie immer einladen etc. Man weiß aber nie, was passiert, und es ist eine enorme Beruhigung für Sie, jederzeit gehen zu können. Zu diesem Zweck sollten Sie also immer Ihre EC- oder Kreditkarte mit sich führen, man weiß nie, wofür es gut ist. So ersparen Sie sich das Gefühl der Mittäterschaft, wenn er auf dem Heimweg im Taxi erbricht, die Putzerei in seiner oder Ihrer Wohnung oder im Hotel, wenn er wieder unkontrolliert in jede Ecke kotzt, und einen versauten nächsten Tag, weil Sie ihn andauernd wie einen Kranken bedienen müssen. Er wird seine Lehre daraus ziehen. In Zukunft wird er sich entscheiden müssen, ob er die Nacht und den folgenden Tag lieber mit Ihnen oder mit einem Putzeimer und Nasenklammer verbringt.

c) Er hat kein Benehmen!

Was machen Sie, wenn Ihr Auserwählter rülpst, furzt und ständig flucht, nicht mit Messer und Gabel umgehen kann und seine Ellbogen auf den Tisch stützt, während er isst? Sind das akzeptable Schwächen? Es kommt immer darauf an, was Sie erwarten. Geht es Ihnen lediglich darum, einen Mann mit einem dicken Bankkonto zu haben, bei dem auch Sie mal die Ellbogen auf dem Tisch lassen und den Kopf zum Essen führen dürfen, bei dem Sie ungeniert Ihren Blähungen freien Lauf lassen und auch nach dem Essen gern einmal aufstoßen dürfen, dann haben Sie es doch gar nicht so schlecht erwischt. Sie haben jemanden gefunden, mit dem Sie nicht viel ausgehen, vielleicht am Wochenende mal ins Kino oder in eine Kneipe, und bei dem Sie sich nicht verstellen müssen.

Wenn Sie allerdings Wert auf gesellschaftliches Leben mit schicken Restaurants und teuren Hotels legen, so ist dies angenehmer, wenn man nicht gerade durch schlechtes Benehmen auffällt. Den Zutritt zur High Society bekommt man nämlich nur mit dem entsprechenden Benehmen. Andernfalls wird man von den anderen Reichen nur belächelt und nicht wirklich ernst genommen. Den Status des Emporkömmlings trägt man wie eingebrannt auf der Stirn und wird ihn auch so schnell nicht wieder los. Wenn es Ihnen also nichts ausmacht, mit so einem unerzogenen Lümmel Jahre Ihres Lebens zu verbringen, dann los. Wenn Sie allerdings einen Gentleman an Ihrer Seite haben wollen, dann gilt es zu handeln. Entweder Sie ziehen sich zurück, weil Sie es nicht ertragen können, wie schlecht er sich benimmt, oder Sie versuchen, ihn zu erziehen. Machen Sie sich allerdings keine allzu großen Hoffnungen, denn meist sind diese schlechten Eigenschaften derart eingebrannt, dass eine wesentliche Veränderung ausgeschlossen ist. Ihnen zuliebe wird der Mann vielleicht das eine oder andere Mal im Restaurant aufpassen, wie er sein Besteck hält, oder er wird Ihnen in den Mantel helfen, zur Dauereinrichtung wird das bei ihm aber sicher nicht. In 99% der Fälle von schlechtem Benehmen haben Sie es mit Selfmademen zu tun, die es nicht besser wissen. Einige dieser Männer sind dankbar, wenn es sich bei der Auserwählten um eine Frau handelt, die die Societyregeln beherrscht und ihm dabei helfen kann, von der Gesellschaft endlich vollends akzeptiert zu werden. Bei solch einem Mann dürfen Sie gern als Lehrerin fungieren und ihn auf liebevolle Art und Weise gesellschaftsfähig trimmen. Viele Selfmademen sind allerdings davon überzeugt, dass sie sich mit ihrem Geld alles kaufen können und dass sie sich aufgrund ihres Geldes überall so benehmen können, wie sie wollen, nämlich gar nicht. Ein Mann dieses Schlags denkt auch, dass er seine Partnerin kauft, und verschwendet keine Sekunde lang einen Gedanken daran, Ihnen zuliebe den Knigge zu lesen oder zu beherzigen. Suchen Sie also lieber gleich zu Anfang das Weite, wenn Sie ihn im Restaurant dabei beobachten, dass er den Kellner schikaniert oder abfällig über Menschen der untergeordneten Schichten spricht. Ein wohlerzogener und angenehmer Mensch bringt seiner Putzfrau die gleiche Höflichkeit entgegen wie seinesgleichen. Seien Sie also auf der Hut, wenn Sie solchen Menschen begegnen und Wert auf gutes Benehmen legen.

d) Er hat keine Bildung!

Ein Mann, der nicht den Unterschied zwischen Louis Quatorze und Louis Vuitton kennt, der statt Golden Retriever von Golden Receiver spricht, der die köstliche Frucht nicht als Artischocke sondern als Antischocke bezeichnet, der denkt, die Externsteine in Höxter seien von Walt Disney und Serpentinen seien die Nachbarn der Kroaten, kann zuweilen einen hohen humorigen Wert haben. Kann, wohlgemerkt, und das auch meist nur am Anfang.

Sind Sie selbst gebildet, kann so ein Mann auf Dauer Ihre Nerven rauben und Sie alt machen. Hier gilt von Ihren Entscheidungen her nichts anderes als hinsichtlich des fehlenden Benehmens.

Es kommt auch hier darauf an, was Sie wollen: einen Mann, mit dem Sie sich unbesorgt auf gesellschaftlichem Parkett bewegen können, oder bloß einen amüsanten Geldgeber. In letzterem Fall: Halten Sie sich die Ohren zu und genießen Sie das Leben, in ersterem Fall geben Sie ihm besser den Laufpass und sehen sich nach etwas Neuem um.

e) Er stellt permanent anderen Frauen nach!

Das wird nicht passieren, wenn Sie ihn im Bett verwöhnen ... Wenn aber doch: Akzeptieren Sie es. Solange er großzügig ist und Sie heiraten will. Mehr wollen Sie doch gar nicht! Das Problem mit den anderen Frauen haben wir Ihnen ja schon an anderer Stelle näher gebracht. Ihr Mann ist wegen seiner Millionen halt heiß begehrt. Ist er selbst kein Kind von Traurigkeit, ist es recht wahrscheinlich, dass er Sie irgendwann betrügt (im Zweifel hat er ja seine frühere Frau oder Freundin mit Ihnen betrogen). So ist das eben. Arbeiten Sie an sich und finden Sie sich damit ab. Sehen Sie zu, sich finanziell in der Beziehung abzusichern, sei es durch ein Kind, sei es durch eine Ehe mit entsprechendem Vertrag.

Fazit

Sie sehen, so schlimm sind die meisten Sachen doch gar nicht. Wägen Sie stets ab!

Verlieren Sie Ihr Ziel nicht aus den Augen und seien Sie auch nicht zu wählerisch, sonst kann es Ihnen nahezu niemand recht machen. Damit tun Sie sich keinen Gefallen, da Sie dann auf das von Ihnen ersehnte Leben in Luxus wahrscheinlich verzichten müssen. Den Mr. Perfect gibt es, wenn überhaupt, nur im Film. In der Realität hat jeder seine Schwächen. Stimmt der Rest, d. h., finanziert er Ihnen einen opulenten Lebensstil, dann seien Sie ruhig zufrieden. Ihren Frust können Sie beim Einkaufen prima kompensieren. Wenn Freundinnen Sie fragen: »Und, was machst du so beruflich?«, können Sie getrost mit einem Lächeln auf Ihren chanelroten Lippen antworten: »Gar nichts! Ich lebe einfach – wie die Made im Speck!« Herrlich!

Vergegenwärtigen Sie sich die Annehmlichkeiten, dann verschwimmen auch die Schwächen!

SCHLUSSWORT

Nun wissen Sie, wo Sie Millionäre treffen können und was Sie tun müssen, um ihnen aufzufallen und mehr als nur ihre Aufmerksamkeit zu erregen. Sie wissen auch, was Sie an sich selbst verändern müssen. Fangen Sie also sofort an, nachdem Sie dieses Buch zur Seite gelegt haben. Sie können es schaffen, nur Mut!

Die im Anhang folgende Seite sollten Sie sich mehrfach fotokopieren: Eine Kopie legen Sie sich ans Bett, eine hängen Sie sich an den Kühlschrank und eine bewahren Sie in Ihrer Handtasche auf. Motivieren Sie sich immer wieder selbst und lassen Sie nicht locker.

Vielleicht tummeln Sie sich schon bald auf dem Parkett der »rich and famous«, man wird Ihr Gesicht aus der Gala und der Bunten kennen und Ihre Kommentare werden in diversen Lifestyle-Magazinen zu lesen sein. Vielleicht ziehen Sie aber auch bloß um – in die Villa Ihres Auserwählten –, leben ein zurückgezogenes Leben in Opulenz und sehen mit großer Freude dem nächsten Shopping-Wochenende in Paris entgegen.

Wir sind sicher, dass Sie mit Hilfe unseres Buches die richtigen Schritte auf dem Weg ans Ziel einschlagen werden.

Es ist Ihr Leben, machen Sie das Beste daraus!

PS: Wenn Sie es geschafft haben und uns an Ihrem Erfolg und Glück teilhaben lassen wollen oder wenn Sie Anmerkungen haben, schreiben Sie uns:

talk@sangi-sangi.de

Verhaltensregeln für Flirts und Dates

1. Sichtbar sein
2. Blickkontakt suchen
3. Als Erste wegschauen
4. Schokoladenseiten betonen
5. Kokett sein
6. Liebenswert sein
7. Lächeln
8. Lebensfreude ausstrahlen
9. Anrempel-Tricks erst üben, dann nutzen
10. Nicht als Erste oder Einzige tanzen
11. Nicht betrinken
12. Smalltalk
13. Nur Mut!

Vor dem ersten Date

1. Ich rufe ihn nicht an!
2. Ich beschäftige mich und lenke mich ab
3. Ich erzähle niemandem von meinem Date

Das erste Date

1. Er führt!
2. Er zahlt!
3. Ich beende das Date!
4. Ich erzähle ihm nicht zu viel von mir!
5. Ich bin verführerisch!
6. Kein Sex!